Die 12 Fundamente des Wohnens

Entwürfe für die Zukunft — Band 5

Kontakt: www.HarryEilenstein.de
Harry.Eilenstein@web.de
Harry Eilenstein bei youtube

Verlag: BoD · Books on Demand GmbH, Überseering 33, 22297 Hamburg, bod@bod.de
Druck: Libri Plureos GmbH, Friedensallee 273, 22763 Hamburg

ISBN: 978-3-8192-0948-2

Inhaltsübersicht

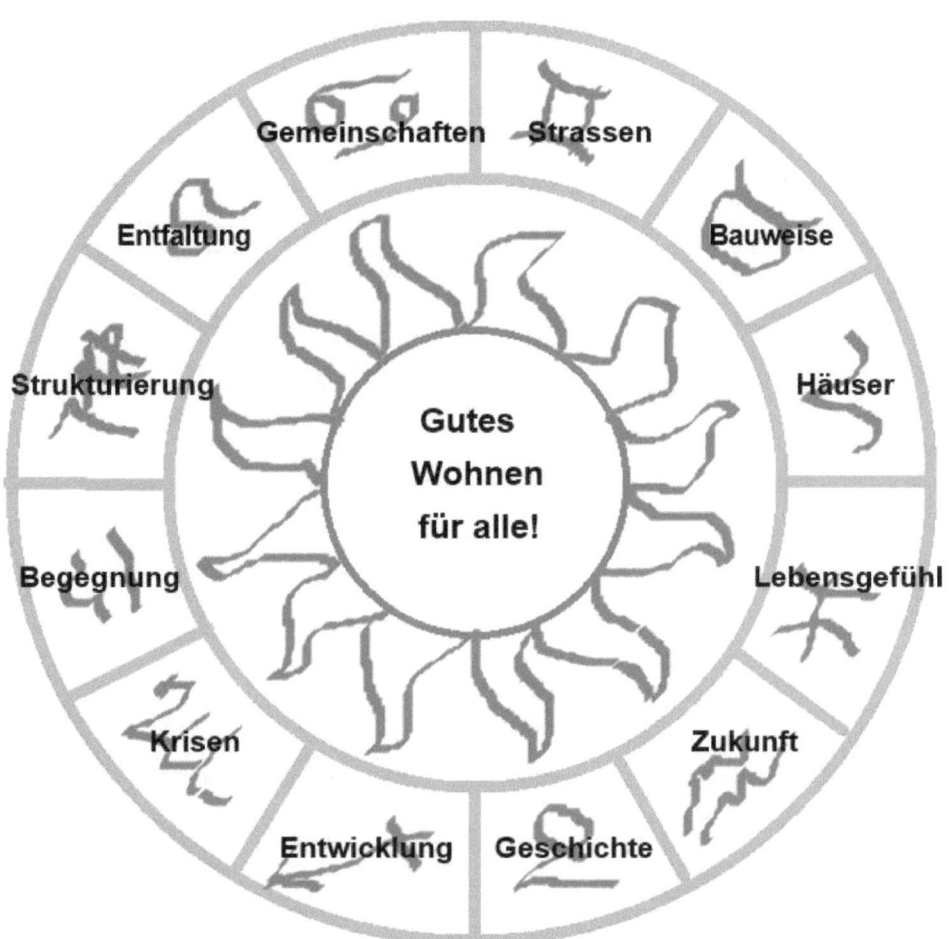

Gemeinschaften · Strassen

Entfaltung

Bauweise

Strukturierung

Häuser

Gutes
Wohnen
für alle!

Begegnung

Lebensgefühl

Krisen

Zukunft

Entwicklung · Geschichte

Warum 12?

Alle Bücher dieser Reihe haben genau 12 Kapitel – was sich ja auch in den Titeln dieser Bücher widerspiegelt. Warum?

In diesen Büchern wird der Tierkreis als Matrix von 12 verschiedenen Sichtweisen auf die Welt verwendet, um das Thema des Buches möglichst umfassend in 12 Kapiteln zu betrachten. Dadurch wird eine ausgewogenere, umfassendere und tiefere Einsicht in das jeweilige Thema erlangt als es ohne ein solches Raster, ohne eine solche Matrix möglich wäre.

Der Tierkreis wird in dieser Buch-Reihe als Forschungs-Hilfsmittel benutzt, durch das die Einseitigkeiten in der Betrachtung zumindest vermindert werden können. Weiterhin werden durch dieses Vorgehen diese 12 Sichtweisen auch als Ergänzungen zueinander, als organische Teile eines Ganzen deutlich.

Die Inspiration zu diesem Vorgehen stammt aus Hermann Hesses Roman „Das Glasperlenspiel", für das er 1946 den Literatur-Nobelpreis erhielt. In diesem Roman beschreibt er die öffentlichen Darstellungen von Übersichten und Gesamtbetrachtungen, die mithilfe von verschiedenen allgemeinen Strukturen wie z.B. dem Ba Gua aus dem chinesischen Feng-Shui angefertigt und aufgeführt werden.

Diese Buch-Reihe ist ein Versuch, Hesse's Idee im ganz Kleinen konkret zu verwirklichen.

Die Blickwinkel der 12 Tierkreiszeichen sind:

♈	Widder:	Spontaner
♉	Stier:	Genießer
♊	Zwilling:	Neugieriger
♋	Krebs:	Familienmensch
♌	Löwe:	Egozentriker
♍	Jungfrau:	Handwerker
♎	Waage:	Schöngeist
♏	Skorpion:	Tiefgründiger
♐	Schütze:	Idealist
♑	Steinbock:	Realist
♒	Wassermann:	Theoretiker
♓	Fische:	Träumer

1. Häuser

♈

Wohnung und Kleidung sind die beiden Formen des Schutzes des Menschen vor allem gegen Kälte – die Wohnung ist zusätzlich auch noch ein Schutz gegen andere Menschen und Tiere.

Die Kleidung der Tiere besteht aus Fell, Schuppen und Federn. Jedoch sind lediglich das Fell und die Federn auch ein Wärmeschutz – ihn gibt es nur bei den Warmblütern, also bei den Säugetieren und den Vögeln. Die Fische, Amphibien und Reptilien haben hingegen keinen Wärmeschutz – also keine „wärmende Kleidung".

Die ältesten Hütten der Menschen sind 1 Million Jahre alt und bestanden aus einem Kreis aus Steinen, der von Ästen und Laub überdacht war. Sehr wahrscheinlich hat es Vorläufer gegeben, die nur aus Stäben und Laub errichtet worden waren, da es eine allgemeine Dynamik ist, dass die einfacheren Formen (hier: Äste und Laub) den komplexeren Formen (hier: Steine, Äste und Laub) über längere Zeit vorausgehen. Doch von diesen einfachen Hütten hat sich nach über 1 Million Jahre nichts mehr erhalten können.

Diese Schutzbauten sind keineswegs eine Erfindung der Menschen. Es gibt Dachsbauten, Fuchsbauten, Mäusehöhlen, Schneckenhäuser, Bärenhöhlen, Vogelnester, Ameisenhügel, Termitenbauten, Adlerhorste, Eichhörnchenkobel, Rehbetten, Spinnennetze, Bienenstöcke, Wespennester, Biberburgen usw.

Fast alle diese Schutzbauten – die des Menschen und die der Tiere – haben dieselbe Grundform: ein kugelförmiger Innenraum und ein Gang, der zu ihm führt. Dies ist vor allem bei den Säugetieren fast durchgehend der Fall.

Dieser Wärmeschutz (Fell, Federn) und diese Schutzbauten reichen bis zu der Entstehung der Säugetiere vor 250 Millionen Jahren zurück. Die Vögel sind hingegen erst vor 100 Millionen Jahre entstanden.

Warum wurden diese Schutzbauten alle als „Kugel mit Gang" – also wie ein Iglu – errichtet? Die Vermutung liegt nahe, dass das nicht einfach nur praktisch war, sondern dass hier der Mutterbauch nachgebaut worden ist: Die Kugel ist die Gebärmutter und der Gang zu dieser Kugel ist die Vagina. Man darf also mit einigem Recht vermuten, dass hier eine kollektive pränatale Erinnerung am Werk gewesen ist.

Die Vögel haben hingegen fast alle eine Halbkugel als „Wohnungs"-Grundform, denn sie schlüpfen ja auch nicht aus dem Bauch ihrer Mutter, sondern aus einem Ei – die

Nest-Halbkugel ist die Hälfte der Eierschale. Die Vögel haben eine andere „pränatale" Erinnerung als die Säugetiere …

Auf jeden Fall werden die frühen Hütten der Menschen, die allesamt Halbkugelförmige Bauten mit oft einem kurzen Gang gewesen sind, von den damaligen Menschen mit dem Mutterbauch assoziiert worden sein. Noch heute bieten das Haus, die Wohnung und das Bett und z.T. auch die Badewanne dieses Gefühl der Geborgenheit. Das Heimkehren ist also eine Rückkehr in den pränatalen Zustand …

Die Menschen in der Altsteinzeit hatten als einzigen Rückhalt die Eltern und die Sippe. Daher ist es verständlich, dass sie nach dem Tod der Eltern weiterhin von ihnen Rat und Hilfe erhalten wollten. Auf diese Weise entstand der weltweit als älteste Religionsform bekannte „Totenkult", dessen Name allerdings ein wenig irreführend ist, da die Eltern ja nicht verehrt, sondern um Rat und Hilfe gebeten wurden. Der „Priester" dieser Religion ist der Schamane: Er stellt – wie in den heutigen Familienaufstellungen – den Kontakt zu den Ahnen her.

Die damaligen Hütten wurden in den kälteren Gegenden der Erde – vermutlich seit dem Beginn der Eiszeit vor 600.000 Jahren – beheizt, indem Steine in einem Feuer vor der Hütte zum Glühen gebracht wurden und dann in die Hütte getragen und mit Wasser übergossen wurden. Das ist der Ursprung der Sauna.

Es lag nun nahe, diese drei Elemente – Hütte, Ahnen, Feuer – miteinander zu assoziieren. So entstand bereits in der Altsteinzeit die Schwitzhütte, die die älteste bekannte Zeremonie der Menschen ist. Die halbkugelförmige Hütte ist der Bauch der Mutter, die als die Erde aufgefasst worden ist (Erdgöttin); die in einem Kreis in der Erde steckenden Stäbe waren die Ahnen; und das Feuer war die Lebenskraft.

Dies ist auch heute noch die Grundstruktur aller Schwitzhütten. Sie sind am besten von den Indianern bekannt, aber es hat sie auch bei den Kelten, den Germanen, den Skythen, den Persern, den Griechen usw. gegeben. Aus ihnen sind dann später die finnische Sauna, das russische Banja, die griechischen Badehäuser, die römischen Thermen usw. entstanden. Die Schwitzhütten waren die ersten Tempel der Menschen – der erste Tempel war eine halbkugelförmige Hütte.

Aus der späten Altsteinzeit (40.000-10.000 v.Chr.) sind etliche Höhlen mit Höhlenmalereien bekannt. Auch sie haben dieselbe Grundform: ein langer Gang und ein größerer Raum am Ende. Daher werden auch sie als die Gebärmutter und die Vagina der Erdgöttin angesehen worden sein.

Aus dieser Zeit stammen auch die vielen Frauenstatuetten, die aus Lehm geformt oder aus Elfenbein geschnitzt worden sind. Sie stellen dieselbe Muttergöttin dar, deren Gebärmutter und Vagina durch die Hütten, die Schwitzhütten und die Höhlen verkörpert wurde.

Zu Beginn der Jungsteinzeit (10.000 v.Chr.) wurden diese Schwitzhütten-Tempel in Göbekli Tepe in einem Seitental des oberen Euphrats etwas aufwendiger und deutlich detaillierter aus Stein hergestellt. Sie bestanden aus:

- einer inneren kreisförmigen Mauer mit einem Kuppeldach – das Kind im Bauch der Mutter;

- einer äußeren kreisförmigen Mauer mit einem Kuppeldach – der Bauch der Mutter;

- einem überdachten Gang zu diesem äußeren Kreis – die Vagina der Mutter;

- eine lange, schräge Mauer von dem äußeren Kreis zu dem inneren Kreis – die Nabelschnur;

- meistens acht Steinpfeiler oder steinerne Totempfähle in der Mauer des inneren Kreises – die Ahnen (die Schwitzhütten-Stäbe);

- in der Mitte des inneren Steinkreises zwei große Pfeiler – Leib und Seele.

Dieser Tempel war offensichtlich die Darstellung der Geborgenheit der Menschen, die in dem inneren Kuppelraum saßen – im Bauch der Erdmutter.

Grundriss der Tempel von Göbekli Tepe

Um 7.000 v.Chr. wurden die Mauern dieser Schwitzhütten-Tempel fortgelassen, sodass nur noch der Kreis aus den Ahnen-Steinpfeilern übrigblieb, zu dem zwei Reihen von Ahnen-Steinpfeilern (die Steinpfeiler in dem Tempel-Gang) führten. So entstanden die Steinkreise, zu denen eine Steinallee führte. Diese „Stehenden Steine" der Megalithkultur sind – so wie es auch in den Überlieferungen berichtet wird – wie die Schwitzhütten-Stäbe noch immer die Verkörperungen der Ahnen.

Die Schwitzhütten-Tempel von Göbekli Tepe sind vielfach weiterentwickelt worden – u.a. zu den Tempeln, die aus einem Raum bestehen, der von Säulen umgeben ist und zu denen ein Gang führt. Dies ist z.B. die Grundform der Tempel bei allen Indogermanen, aber auch in Mesopotamien und Ägypten.

Vermutlich hat sich schon in der Altsteinzeit der naheliegende Brauch gebildet, über dem Grab der Toten eine Schwitzhütte als Darstellung des Schwangerschafts-Bauches der Erdgöttin zu errichten, damit der Tote von der Muttergöttin im Jenseits wiedergeboren wurde. Daraus sind dann als vereinfachte Formen schließlich die Reisighügel entstanden, die sich bis in die historische Zeit im Kult z.B. der Thraker erhalten haben.

Ebenfalls um 7.000 v.Chr. wurde damit begonnen, die Reisighügel auf den Gräbern durch einen Erdhügel dauerhafter zu errichten. In diese Hügel hinein führte ein Gang zu einem Raum in der Mitte des Hügels, in den der Tote gelegt wurde. Auch diese Hügelgräber sind eine Fortführung der Schwitzhütten: ein Gang, der zu einem Raum führt.

Durch die Gestaltung dieser Hügelgräber zu geometrischen Formen entstanden die Stufenpyramiden in Mesopotamien, China und Mittelamerika sowie die spitzen Pyramiden in Ägypten.

Wie sich durch diese kurze Betrachtung des Ursprungs der Häuser der Menschen zeigt, sind alle Häuser, Wohnungen, Zimmer und Betten sowie auch die verschiedenen Formen der Tempel und Gräber letztlich eine Darstellung des Mutterbauches: Gebärmutter und Vagina. In dem Unterbewusstsein der einzelnen Menschen und in dem kollektiven Unterbewusstsein der Menschheit ist diese Assoziation das prägende Bild für alle Häuser, Wohnungen, Zimmer, Betten und Badewannen.

Daraus ergibt sich, dass das Bedürfnis nach Geborgenheit das Grundbedürfnis in einer Wohnung ist. Das sollte bei jedem Bau von Betten, Zimmern, Wohnungen, Häusern und Städten berücksichtigt werden. Die Wohnung ist im Grunde ein Tempel der Muttergöttin. Ein wenig von diesem Bild klingt auch noch in der englischen Redewendung „my home is my castle" an.

Die Künstlerin Niki de Saint Phalle hat eine 25m lange liegende Figur einer schwangeren Frau erschaffen, die man durch die Vagina betreten und in einen Innenraum gelangen kann. Diese „Hon" (norwegisch für „Sie") genannte Figur ist wie die Tempel von Göbekli Tepe eine sehr direkte Darstellung des Zusammenhangs zwischen einem Haus, einem Tempel und dem Schwangerschaftsbauch einer Frau.

13

Es gibt eine große Vielfalt an Häusern und anderen Wohnmöglichkeiten:

- die ganz einfachen Formen: Laubhütte, Zelt, Jurte, Hütte und Iglu;

- die etwas differenzierteren Formen: Langhaus (Germanen, Irokesen u.a.), Tinyhouse, Blockhaus, Bauernhof und Vierseithof;

- die modernen Formen: Einzelhaus, Zweifamilienhaus, Wohnblock und Wohnsilo;

- die beweglichen Formen: Bauwagen (Nomaden, Zigeuner), Camping-Anhänger und Campingwagen;

- die nur vorübergehend bewohnten Formen: Auto, Schiff, U-Boot, Flugzeug, Raketen und Raumstationen.

Man kann die Häuser auch von ihrem Stil her in Gruppen einteilen: technisch, gemütlich, rustikal, römisch, jugendstilartig, klassisch, traditionell-chinesisch usw.

Dann gibt es noch einige Themen, die man im Zusammenhang mit dem Wohnen ebenfalls betrachten sollte: Überbevölkerung, begrenzte Rohstoffe, Klimaerwärmung,

Müll, Umweltverschmutzung, Artensterben …

Insbesondere die Mega-Städte mit ihrem „Beton-Dschungel" sind ein großes Problem.

Man kann Orte, Häuser, Wohnungen, Zimmer und Betten auch noch auf eine andere Weise betrachten – man kann sich die „Ortsqualität" ansehen, d.h. die Lebenskraft. Das gibt natürlich nur dann Sinn, wenn man aufgrund von Telepathie, Familienaufstellungen, Astralreisen bei Nahtod-Erlebnissen u.ä. bereits erlebt hat, dass es etwas gibt, das man als „Lebenskraft" bezeichnen kann.

Man kann einfach mal aufmerksam sein und schauen, wo man sich in der eigenen Wohnung am besten entspannen kann, wo man am besten arbeiten kann, wo Gespräche am friedlichsten verlaufen usw. Man kann auch schauen, an welchen Platz man sich am liebsten auf einer Wiese hinsetzen würde oder man kann einmal beschreiben, welche Stimmung in einem bestimmten Haus im Gegensatz zu anderen Häusern ist.

Wenn man damit ein wenig Übung hat, wird es ganz einfach, die Qualität eines Ortes zu erkennen. Es ist sinnvoll, das anfangs zu mehreren zu machen und dann die Ergebnisse dieser Betrachtungen zu vergleichen – auf diese Weise kann man sicherer werden, dass die Ergebnisse nicht nur Phantasie sind, sondern dass alle dasselbe und daher etwas, was tatsächlich da sein muss, wahrgenommen haben.

Die Utopie:
guter, bezahlbarer Wohnraum, der die Geborgenheit des Mutterbauches ausstrahlt, für alle Menschen

---

2. Bauweise

♉

Häuser können vielfältige Formen haben, die alle auch Einfluss auf das Lebensgefühl in diesem Haus haben. Das früheste bekannte „Haus", das vor 1 Million Jahre errichtet wurde, war ein Rundbau in Afrika, der aus einer Steinmauer mit einem Kuppeldach aus Ästen und Laub bestand, der also in etwa eine Halbkugel gewesen ist. Diese Bauweise hat sich bis heute in den traditionellen Zelten, Hütten und Häusern einiger Naturvölker wie den Jurten in der Mongolei, den Iglus in der Arktis und den Krals in Afrika erhalten.

Das Raumgefühl in einer solchen Hütte kann man nur erfassen, wenn man einmal in einem solchen Raum gewesen ist. Dieser Baustil ist teilweise auch von modernen Architekten übernommen worden – insbesondere von Rudolf Steiner, der fast alle Ecken in einem Gebäude hat abschrägen lassen, und von Roger Dean, der fast nur gebogene, runde oder ovale Formen benutzt hat. Der bekannteste „runde Raum" ist vermutlich das „Oval Office" im Weißen Haus in den USA.

Auch die Materialien, aus denen die Hütten und Häuser errichtet worden sind, sind sehr verschieden: Stöcke, Laub, Steine, Felle, Holz, Schnee (Iglus), Lehm, Fachwerk, Mörtel, Backsteine, Beton, Stahlbeton, Metall, Plastik …

Heutige Häuser sind im Gegensatz zu früheren Häusern auf mehrere Weisen an ein Netz angeschlossen: an das Straßennetz, die Stromversorgung, die Fernwärme, die Wasserversorgung, die Abwasserversorgung, das Telefon, das Fernsehnetz, das Internet, das Radionetz, das Funknetz und bei Bedarf auch noch an das GPS-Netz.

Ein weiterer Aspekt der heutigen Bauten ist die Nachhaltigkeit der Bauweise sowie das Anbringen von Solaranlagen (Solar-Platten, Solar-Dachziegel) auf Dächern und an Balkonen, die einen Teil des verbrauchten Stroms erzeugen. Weiterhin gibt es noch die Solarthermien auf dem Dach, in denen das Wasser vorgewärmt wird.

Schließlich spielt auch noch die Einbettung in die Landschaft eine Rolle für das Lebensgefühl in einem Haus. Steht es in einem Dorf? Steht es in einer Stadt? Steht es in der Wildnis? Steht es auf einem Berg? Und wenn ja – wie sind dann die Wege dorthin? Steht es in einem Tal? Und wenn ja – wie viel Sonne scheint dann an diesem Ort? Steht es an einem Fluss? Und wenn ja – besteht dann Hochwassergefahr? Steht es auf einer Insel? Und wenn ja – wie ist dann die Anbindung ans Festland? Steht es an der Küste? Und wenn ja – gibt's dann Sturmflutgefahr? Steht es in einem Wald – und wenn ja, welche Tiere leben dann dort?

Der Standort eines Hauses trägt wesentlich zu dem Lebensgefühl in diesem Haus bei.

- - -

Es gibt auch noch einen Einfluss, der auf den ersten Blick erst einmal nicht auffällt und für den man sozusagen „tiefer" blicken muss.

Der Boden hat einen großen Einfluss auf die Stimmung an einem Ort und auf die Lebenskraft dort. Dies kann man durch aufmerksames Spüren an einem Ort erkennen, aber man kann auch die geologischen Karten in einem Atlas zu Rate ziehen. Die beiden Extreme sind auf der einen Seite der vulkanische Boden (ehemaliger Vulkan), der große Kraft und Durchsetzungsvermögen, aber auch eine gewisse Hitzköpfigkeit und Härte gibt, und auf der anderen Seite feuchtes Schwemmland, das Weichheit und Beständigkeit, aber auch eine gewisse Schwere und Trägheit gibt. Die vielen Varianten dazwischen lassen sich am ehesten anhand der dort am häufigsten vorkommenden Mineralien erkennen, deren Qualität man z.B. mithilfe der von Michael Gienger begründeten Steinheilkunde erfassen kann.

Ein zweiter Einfluss ist die Lage des Gebäudes:

- liegt es am Hang, schafft dies ein wenig Unruhe und Unsicherheit;

- liegt es unten in einem Tal, schafft dies Sicherheit, aber auch ein wenig Trägheit;

- liegt es an der Innenkurve eines Flusses, gibt es dort eher Mangel;

- liegt es an der Außenkurve eines Flusses, gibt es dort eher Fülle;

- liegt es direkt an einer langen, geraden Straße, lässt sich dort nicht so leicht etwas Beständiges aufbauen;

- liegt es an dem Übergang von zwei Bereichen wie Land/Meer, Land/Fluss, Berge/Ebene, Staat/Staat usw., gibt dort eine größere Spannung;

- liegt es an einem Ort mit Fernblick, gibt es dort eine gewisse Überlegenheit;

- usw.

Ein dritter Einfluss ist der Aufbau und die Strukturierung des Gebäudes. Dabei kann man zunächst einmal auf die auffälligen Besonderheiten des Hauses achten:

- Ist es besonders langgestreckt? Dann ist der Zusammenhalt schwach.

- Hat es wenige Fenster? Dann ist es von der Außenwelt isoliert.

- Hat es einen Innenhof? Dann wird dort ein eigenes Reich erschaffen.

- Liegen Teile des Gebäudes separat? Dann können dort geheime Dinge geschehen.

- usw.

Wie bei jedem Handwerk sind hier ein gutes Fingerspitzengefühl und viel Übung förderlich, um den Charakter eines Gebäudes richtig einschätzen zu können.

Ein weiteres Hilfsmittel, das man benutzen kann, um die Qualität eines Ortes einschätzen zu können, ist das Ba Gua aus dem chinesischen Feng-Shui. „Ba Gua" bedeutet wörtlich „Acht Trigramme", was sich auf die acht Trigramme des I Ging bezieht. Das Ba Gua, das aus neun Feldern besteht – also aus dem Tao (Essenz) in der Mitte und den acht Trigrammen rings um es herum, lässt sich jedoch auch auf logische Weise herleiten.

Das Ba Gua ist im Grunde ein schlichtes Statistik-Diagramm. Die waagerechte x-Achse ist die Zeit, die senkrechte y-Achse ist die Energie oder Lebenskraft. Die Zeit verläuft in drei Spalten von links nach rechts: Vergangenheit – Gegenwart – Zukunft. Die Energie verläuft in drei Zeilen von unten nach oben: wenig Energie – mittelviel Energie – viel Energie. Diese drei Spalten mal diese drei Zeilen ergeben die neun Felder des Ba Gua. Für jedes dieser neun Felder ergibt sich aus der Kombination von Zeit und Energie eine bestimmte Qualität, deren Richtigkeit sich schon über Jahrhunderte hin bewährt hat und auch logisch nachvollziehbar ist:

Vergangenheit	Gegenwart	Zukunft
+ *viel Energie*	+ *viel Energie*	+ *viel Energie*
= **Helfer, Sponsor, Mäzen**	= **Ruhm, Ansehen**	= **Ziel Ideal, Glück**
Vergangenheit	Gegenwart	Zukunft
+ *mittlere Energie*	+ *mittlere Energie*	+ *mittlere Energie*
= **Herkunft, Herkunftsfamilie**	= **Mitte, Thema, Seele**	= **eigene Familie**
Vergangenheit	Gegenwart	Zukunft
+ *wenig Energie*	+ *wenig Energie*	+ *wenig Energie*
= **Lernen**	= **Arbeit**	= **Ausruhen, Scheitern**

Man kann dieses Diagramm für viele Dinge benutzen wie z.B. die Analyse eines Ortes, eines Bildes, des psychischen Zustandes eines Menschen usw.

Wenn man das Ba Gua auf einen Ort oder ein Gebäude anwendet, legt man dieses

21

Raster imaginativ so auf das Gebäude, dass der Eingang zu dem Grundstück oder dem Gebäude unten an diesem Raster liegt. Man kann es auch auf den Grundriss des Gebäudes zeichnen. Das „oben" wird dabei zu „hinten" und das „unten" zu „vorn".

Die Deutung ist zwar recht schlicht, aber sie erfordert wieder etwas Übung.

- Fehlt die Mitte einer Wohnung („Essenz, Seele"), weil sich in dem Haus dort ein Lichtschacht o.ä. befindet, wird sich das Leben in dieser Wohnung hohl und haltlos anfühlen – eben ohne Mitte.

- Ist die Eingangstür vorne links („Lernen"), ist dieser Ort vor allem zum Lernen gut geeignet.

- Steht auf einem Grundstück hinten rechts („Ziel, Ideal") ein Schrein, prägt dieser Schrein die in diesem Gebäude angestrebten und erreichbaren Ziele.

- Befindet sich auf einem Grundstück in der Mitte vorn („Arbeit") ein Müllhaufen oder der Misthaufen, wird es endlos viel Arbeit geben.

- Ist das Klo hinten in der Mitte („Ruhm"), wird es mit dem Ruhm und dem Ansehen nicht weit her sein.

- Fehlt bei einem Grundstück in der Mitte links („Herkunft") ein großer Teil des Grundstücks, wird man vergeblich auf den Besuch der Eltern warten.

- Steht auf dem Grundstück in der Mitte rechts („eigene Familie") der Mast einer Hochspannungsleitung, wird es mit der eigenen Familie sehr viele „Spannungen" geben.

- Fehlt die hintere linke Ecke („Helfer") einer Wohnung, wird man nur wenig Hilfe erhalten.

- Steht das Bad rechts vorne („Ausruhen"), wird man sich gut entspannen können.

Mithilfe der Betrachtung der Art des Bodens (Vulkan, Schwemmland u.a.), der Lage (Berg, Tal u.a.), des Aufbaues des Gebäudes (langestreckt, unzusammenhängend u.a.), des Materials, aus dem das Gebäude erbaut worden ist (Stein, Beton u.a.) und des Ba Gua (Struktur des Ortes), lässt sich mit einfacher Logik und etwas Kombinationsgabe eine recht präzise Beschreibung der Qualität eines Gebäudes anfertigen.

(Eine ausführlichere Beschreibung zu dieser Vorgehensweise einschließlich des Ba Gua findet sich in: Harry Eilenstein „Feng Shui für Anfänger".)

3. Straßen

Ⅱ

Nicht nur die Häuser selber, auch ihre Lage zueinander und somit auch die Straßen spielen für die Wohnqualität an einem Ort eine große Rolle.

Dabei geht es nicht nur darum, wie die Verkehrswege, Arbeitswege, Einkaufswege und Schulwege gestaltet sind und wie weit diese Wege sind, sondern auch darum, ob es Fußwege, Fußgängerzonen, Fahrradwege, Busse, Straßenbahnen, U-Bahnen, Eisenbahnen und evtl. auch einen Hafen oder Flughafen gibt. Der Wohnort ist ja fast immer auch der Ausgangspunkt für vielfältige Aktivitäten.

Es hat auch nicht nur die konkrete Entfernung z.B. von der Wohnung zur Schule, zum Einkaufszentrum und zum nächsten Arzt eine Bedeutung, sondern auch, wie die Straßen dorthin gestaltet sind.

- Eine Stadt, in der die Straßen alle Schachbrett-artig angelegt sind, vermittelt ein Gefühl von Ordnung und Technik und Berechenbarkeit. Der einzelne fühlt sich dort schnell als ein anonymes Rädchen in einem großen Getriebe.

- In einer Stadt, in der die eine Hälfte der Straßen auf ein Zentrum hin ausgerichtet ist, während die andere Hälfte dieses Zentrum kreisförmig umgibt, ist hingegen alles auf dieses Zentrum – einen Dom, einen Palast oder eine Burg – ausgerichtet und diesem Zentrum untergeordnet. Hier erinnert das Lebensgefühl an den Absolutismus der Könige in der Barockzeit.

- Es gibt auch Städte mit mehreren zentralen Elementen wie Palästen, Kirchen, Regierungsgebäuden, Märkten, Bahnhöfen usw., die durch gerade Hauptstraßen miteinander verbunden sind. Das lässt ein funktionales Lebensgefühl entstehen, das sich zwischen diesen zentralen Orten abspielt.

- Ein eher seltenes Muster in den Zentren von Städten ist sind die gebogenkreativen Straßen – sie finden sich vor allem in Vorstädten und in Wohnbereichen. Sie lassen ein organischeres Lebensgefühl entstehen.

Im Gegensatz zu den Städten gibt es bei den Dörfern noch weitere Formen:

- die Häuser liegen an einer langen Straße – hier gibt es wenig Halt, Zusammenhalt und auch keine Mitte;

- die Häuser liegen an einer Kreuzung – hier ist der Ort oft durch den Handel und den Verkehr zwischen den vier Orten geprägt, zu denen die beiden Straßen, die sich in diesem Dorf kreuzen, führen;

- die Häuser bilden einen ungeordneten Haufen – hier lebt man zwar zusammen, aber jeder macht, was er will;

- die Häuser liegen rings um einen Dorfplatz – hier wird die Gemeinschaft betont;

- die Häuser liegen alle innerhalb einer Schutzmauer – hier rücken alle eng zusammen und bilden eine Verteidigungsgemeinschaft;

- die Häuser liegen weit voneinander entfernt – hier ist jeder weitgehend sein eigener Herr und das Dorf ist nur ein loser Zusammenhalt;

- die Häuser liegen alle auf einem Hügel, der vor Überschwemmungen schützt – hier ist der gemeinsame Schutz gegen die Natur das prägende Element.

Der Aufbau einer Stadt oder eines Dorfes prägt den Rahmen, in dem sich ein einzelnes Haus befindet. Wenn man ein klares Bild über die Lebensqualität in einem Haus erlangen will, ist es daher hilfreich, sich zuerst einmal die Lage des Hauses in dem Ort, den Aufbau des Ortes und die Lage des Ortes in der Landschaft anzusehen.

Diese Ortsqualitäten bilden das Fundament, die Grundlage, den Hintergrund und den Rahmen für die Qualität des Hauses. Egal, wie das einzelne Haus beschaffen ist und in welcher Wiese man die Qualität dieses Hauses noch verändern kann, bleibt der durch den Ort und durch die Landschaft geprägte Hintergrund doch immer bestehen.

- - -

Oft gibt es in Häusern Plätze, an denen man nicht gut schlafen kann und andere, an denen man deutlich besser schlafen kann. Oder es gibt Häuser, in denen man deutlich besser als in anderen schlafen und entspannen kann. Wenn einem durch Erlebnisse mit Telepathie, Astralreisen („out of body"-Erlebnisse) und ähnliches die Lebenskraft als ein Modell, solche Erlebnisse zu beschreiben vertraut ist, ist es kein großer Schritt mehr bis zu der Vermutung, dass es in allen Dingen eine solche Lebenskraft gibt.

Innerhalb des menschlichen Körpers werden die Strukturen dieser Lebenskraft durch die Chakren, die Akupunkturpunkte, die Akupunkturmeridiane u.ä. beschrieben – sie sind sozusagen die Organe und Adern des Lebenskraftkörpers, der sich bei einer Astralreise von dem physischen Leib löst. Das lässt sich natürlich am besten verstehen, wenn man schon mal eine Astralreise erlebt hat oder wenn man durch Akupunktur von einer scheinbar unheilbaren Krankheit geheilt worden ist. Auch die Wirkung von Homöopathie kann man mit der Lebenskraft beschreiben.

Wenn nun die Lebenskraft des menschlichen Körpers Strukturen hat, die den Organen und Adern gleichen, sollte es so etwas auch in dem Lebenskraftkörper der Erde geben. Die „Organe" in dem Lebenskraftkörper der Erde werden traditionell „Kraftorte" genannt – die „Adern" des Lebenskraftkörpers der Erde werden als „Leylines" bezeichnet.

Von einem großen Maßstab aus betrachtet, verlaufen diese Leylines in gerader Linie in einem großen Kreis einmal um die Erde. Von einem kleinen Maßstab her betrachtet, haben sie jedoch Bögen, Schlaufen und andere Abweichungen. Die Kraftorte sind meistens da, wo sich zwei oder mehr Leylines kreuzen – das entspricht ganz den Chakren und den „Lebenskraft-Adern" im menschlichen Lebenskraftköper.

An diesen Kraftorten stehen meistens Kirchen, Paläste, Burgen, Forschungszentren, Kraftwerke u.ä., wobei sich im Nachhinein nicht sagen lässt, ob diese Gebäude an solchen Leyline-Kreuzungen errichtet worden sind oder die Leylines von diesen Gebäuden angezogen worden sind und sie ihre Kreuzung zu diesem Gebäude hin verschoben haben. Das kann man nur erkennen, wenn man die Leylines an einem Ort, an dem später z.B. eine Universität errichtet worden ist, vor und nach dem Bau der Universität untersucht hat.

Das Netz dieser Linien auf der Erde ist so dicht, das die meisten Orte zumindest eine Leyline in ihrer Nähe haben.

Diese Leylines haben keinen einheitlichen Charakter, sondern scheinen dem Charakter der Planeten in der Astrologie zu ähneln. Daher werden fast alle Orte durch die

Leylines mit einer bestimmten Qualität geprägt, die man mit ausreichender Übung und mithilfe der passenden Geräte erkennen kann.

Bei Krebserkrankungen lassen sich in so gut wie allen Fällen bestimmte, immer gleiche Konstellationen von Leylines feststellen.

Wenn die Wahl eines Ortes aus irgendeinem Grund sehr wichtig ist oder wenn sich an diesem Ort auffällige Dinge ereignen, ist es daher naheliegend, einen „Rutengänger" – wie die Leyline-Spezialisten genannt werden – um eine Untersuchung des betreffenden Ortes zu bitten.

(Ausführliche Darstellungen der Leylines und ihrer Wirkung finden sich in: Rainer Höing – „Das Gewebe der Welt – Geobiologie, Feng Shui & Planetenlinien". In diesem Buch wird auch der Einfluss der Leylines auf die Entstehung von Krebs eingegangen – der Autor hat jahrelang mit einer Krebsklinik zusammengearbeitet.)

Die Utopie:
kurze Wege zu allen wichtigen Orten, eine lebensfördernde Straßenführung und weiterhin Leylines oder Kraftorte, die die Tätigkeiten an dem betrachteten Ort fördern

4. Gemeinschaften

♋

Die Wohnqualität hängt nicht nur von dem Ort ab, sondern auch von einem selber und von den Menschen, mit denen man möglicherweise zusammenlebt oder auf sonst eine Weise zu tun hat wie z.B. mit den Vermietern und Wohnungsnachbarn.

Die Auswahl der Menschen, mit denen man zusammenwohnt, bestimmt auch die Wohnform. Ein Einzelner kann gut in einem Appartement wohnen, eine Gruppe von Studenten braucht eine WG-taugliche Wohnung und eine Familie braucht eine Familienwohnung oder ein Einfamilienhaus.

In Gebäuden, in denen mehrere Generationen zusammenleben wollen, sind wieder ganz andere bauliche Überlegungen notwendig, um das richtige Maß an Eigenständigkeit und Gemeinschaft zu ermöglichen. Andere Gemeinschaftsformen, die bestimmte gemeinschaftliche Ziele wie Ökologie, offene Beziehungen, gegenseitige Unterstützung, gemeinsame Kinderbetreuung oder noch etwas anderes anstreben, brauchen wieder andere Bauformen, damit die Bewohner dieser Gebäude diese Absichten möglichst einfach verwirklichen zu können.

Eine häufige Bauform bei den meisten Gemeinschafts-Lebensformen ist der Kreisbau mit Innengarten. Dabei stehen die Gebäude meistens in einem geschlossenen Dreiviertelkreis („Hufeisen"), in dessen Mitte sich ein großer Gemeinschaftsgarten, eine Wiese, ein Spielplatz u.ä. befinden.

Abgesehen von den Nachbarn und den angeschlossenen Gärten und Spielplätzen sind auch noch einige Aspekte, die das „Orts-Klima" prägen, von Bedeutung. Dazu gehören Bäume, die Schatten spenden und die Luftqualität durch Sauerstoffanreicherung verbessern; die Lenkung des Windes durch die Form der Gebäude, durch die Straßenführung und durch die Bäume; und schließlich auch noch die Höhe der betrachteten Gebäude sowie der umliegenden Gebäude, die sowohl den Wind als auch die Sonneneinstrahlung beeinflussen und zudem einen Einfluss auf das Gefühl des Vorhandenseins einer Privatsphäre haben.

Schließlich wird ein Ort auch noch durch die angeschlossenen Gärten, die Nähe zur Natur (Wälder, Felder, Weiden, Flüsse, Bäche, Teiche, Seen usw.) sowie den vor Ort praktizierten Naturschutz (chemische Keule gegen Unkraut?) beeinflusst.

- - -

31

Das Lebensgefühl an einem Ort hängt nicht nur davon ab, wer sonst noch dort wohnt, sondern auch davon, wie weit entfernt die Freunde und Verwandten wohnen, und auch davon, wie lange man dort wohnen kann, wenn man das will.

Daneben gibt es jedoch auch noch einen Einfluss, der nur selten beachtet wird: die Vorgeschichte des Ortes, des Hauses und der Wohnung. Wenn z.B. in einer Wohnung ein sich ständig streitendes und prügelndes Paar gelebt hat, kann es durchaus sein, dass der Nachmieter das spürte, da die Lebenskraft an einem Ort durch heftige Ereignisse an diesem Ort geprägt wird. Diese Prägungen können nicht nur Streit und Gewalttaten sein, sondern auch andere markante Ereignisse wie Psychosen, Einsiedlertum, intensives Studium und ähnliches mehr. Natürlich gibt es auch die positive Prägung durch glückliche Familien u.ä. als Vormieter.

Manchmal kann man von den Nachbarn oder dem Vermieter etwas über die Vormieter erfahren, doch häufig werden alle negativen Ereignisse – verständlicherweise – verschwiegen. Daher sollte man aufmerksam nachspüren, wie sich ein Ort anfühlt, welche inneren Bilder sich dort aufdrängen, welche ersten Impulse man dort in sich spürt usw. Wenn man damit Erfahrungen hat, kann man auch eine Traumreise an den Ort unternehmen (dafür muss man nicht an dem Ort selber sein) oder – wenn so etwas möglich ist – vor dem Unterschreiben des Mietvertrags dort eine Nacht lang probeschlafen.

Man kann auch nicht generell sagen, dass ein Ort „gut" oder „schlecht" sei – das hängt auch davon ab, wer dort leben will, und auch davon, was der Betreffende dort machen will.

Die Utopie:
viele verschiedene Wohnformen, die zu der jeweiligen Gemeinschaftsform passen und die ein Heimatgefühl erzeugen

5. Entfaltung

♌

Der nächste wichtige Punkt ist der Grad der Selbstbestimmung, den man an einem bestimmten Ort hat – sei dies eine Wohnung, ein Haus, ein Garten, ein Schrebergarten, ein Ladenlokal oder noch etwas anderes.

Dabei spielen mehrere Dinge eine Rolle:

> der Charakter dessen, der an diesem Ort etwas tun will,

> die Frage, wer der Eigentümer der Wohnung, des Hauses oder des Grundstücks ist,

> der Wohnort des Vermieters (weit entfernt, in der Wohnung obendrüber),

> das Verhältnis zwischen Mieter und Vermieter,

> der Charakter der Nachbarn,

> die Hausverwaltung, und

> die Verwaltung an dem betreffenden Ort (Autonomie, Einbindung, Bürger-Mitsprache).

Auch die generellen Herrschaftsverhältnisse in dem Land, in dem man sich befindet, prägen das Wohnen mit. Es macht einen Unterschied, ob man in einer Demokratie, einer Autokratie, in der Freien Marktwirtschaft, der Sozialen Marktwirtschaft, in einem kommunistisch-sozialistischen System, in einer zentralen Planwirtschaft usw. lebt.

Es ist auch von großer Bedeutung, ob es in der näheren Umgebung Regierungsgebäude, Burgen, Schlösser, Kasernen, Gefängnisse, Konzern-Hochhäuser und andere Formen der Machtdemonstration gibt.

Es gibt das Konzept der „autonomen Städte", die sozusagen eine eigene Verfassung haben und in die jeweils all die Menschen ziehen sollen, denen die spezielle Verfassung einer dieser Städte zusagt. Dieser Ansatz soll eine größere rechtliche und wirtschaftliche Vielfalt schaffen, aus der der Einzelne dann das ihm zusagende Modell auswählen kann. Der Staat ist in diesem Modell letztlich nur noch so etwas wie ein Dachverband, der die Vielfalt zusammenhält.

Offensichtlich ist dieser Ansatz eng mit der Freien Marktwirtschaft verwandt.

- - -

Wenn man einen passenden Ort sucht oder wenn man einen bereits vorhandenen Ort passend umgestalten will, ist es naheliegend, sich zuerst einmal ein Bild von der Qualität dieses Ortes zu verschaffen. Das ist auch eine der Grundlagen für das im folgenden Kapitel beschriebene Feng Shui.

Um zu dieser „Vision" zu gelangen, ist es zunächst einmal notwendig, in die eigenen Wünsche und in das eigene Wesen hinein zu spüren. Das klingt einfach, ist aber oft gar nicht ganz so einfach, wie man vielleicht meinen sollte.

1. Die erste Frage ist, wie man sich an diesem Ort fühlen will und was man dort tun und erreichen will. Diese Gefühle und Absichten fügt man dann in ein Bild – z.B. ein gemütliches Heim oder ein Chefbüro.

2. Die zweite Frage ist, wie sich dieses Bild verändert, wenn man einmal wirklich hemmungslos wünscht. Was wird dann aus dem Heim? Ein Märchenschloss? Und was wird dann aus dem Chefbüro? Ein Büro mit Glasfront oben auf einem Wolkenkratzer?

3. Die dritte Frage ist, was aus diesem Bild wird, wenn man noch etwas freier „phantasiert"? Wird das Märchenschloss dann vielleicht zu einer Bärenhöhle, die die erwünschte Stimmung an dem Ort viel besser ausdrückt? Und wird das Chefbüro oben im Wolkenkratzer dann vielleicht zu dem Kommandoraum der „Enterprise"?

4. Die vierte Frage ist, wodurch man dieses Bild noch sinnvoll ergänzen kann.

   - Braucht man an dem Ort für das, was man tun will, viel Kraft? Dann könnte man dem Bild noch eine Feuerstelle hinzufügen.
   - Kennt man aus seinen Träumen oder aus Traumreisen sein eigenes Krafttier? Dann könnte es einen Platz an dem eigenen Ort erhalten.
   - Kennt man aus seinen Träumen und Meditation die eigene Seele? Dann könnte man ihr einen Platz in dem Bild des „idealen Ortes" geben.
   - Gibt es wichtige Helfer, die das, was man an dem Ort tun will, unterstützen wollen? Dann kann man auch ihnen jeweils einen „Gäste-Platz" in dem Bild geben.
   - Gibt es wichtige Verbindungen, die man braucht, wenn man das tut, was man an diesem Ort tun will? Dann sollte man auch diese Verbindungen als Wege, Kanäle, Leitungen, Lichtschnüre o.ä. in das Bild einfügen.

5. Die letzte Frage ist nun, wie man das Bild noch weiter ergänzen und ausmalen und schließlich abrunden kann.

Wenn sich dieses Ideal-Bild für den Ort, den man sucht oder den man gestalten will, richtig gut anfühlt, ist das Bild fertig. Es könnte ein Feldherrnhügel geworden sein, ein gemütliches Landhaus, ein Fuchsbau, ein verwunschenes Hexenhaus, ein Adlerhorst, eine Oase, an der ein Löwe mit seinem Rudel lebt, ein Eichhörnchenkobel, ein griechischer Tempel, ein altägyptisches Bauernhaus, ein afrikanischer Kral, ein Indianer-Tipi … was auch immer.

Dieses Bild kann man nun benutzen, um den Ort herbeizuwünschen, den man sucht, oder um den Ort, den man schon hat, auf passende Weise zu gestalten. Für das

Wünschen kann man entweder Lebenskraft-Lichtschnüre von sich selber zu solchen Orten imaginieren oder man genießt einfach die Vorfreude darauf, dass man einen solchen Ort finden wird. Das Gestalten eines Ortes, damit er die Qualität des Ideal-Ortes erhält, wird im nächsten Kapitel beschrieben.

> ### *Die Utopie:*
> *ausreichende Gestaltungsmöglichkeiten, Entwicklung des Ideal-Bildes,*
> *bedürfnisorientierte Bauweise und Stadtplanung, Mitspracherecht der Bürger*

6. Strukturierung

♍

Ein Dorf oder eine Stadt können auf vielfältige Weise gestaltet werden – nicht nur vom Baustil her, sondern auch von der Raumaufteilung her. So kann es z.B. Begegnungsorte wie einen Dorfplatz oder einen großen Platz oder einen Park in der Mitte der Stadt geben. Manche Städte wie z.B. Freiburg werden auch durch Bäche in der Stadt, die in den Fußgängerzonen entlang fließen, bereichert. Andere Städte wie Bonn erhalten durch ihre vielen Springbrunnen einen speziellen Charme, wieder andere wie Venedig, Hamburg und Amsterdam werden durch viele Kanäle und Grachten geprägt.

Eine ganz ähnliche Wirkung haben autofreie Zonen – meist in der Innenstadt – oder autofreie Kleinzonen, wie sie vor allem von Städten bekannt sind, deren Straßen schachbrettartig angelegt sind und in denen nur jede 2. Straße für den Verkehr zugelassen ist, sodass viele kleine kreuzförmige Fußgängerzonen entstehen, die diese Bereiche deutlich „privater", heimatlicher und menschenfreundlicher machen.

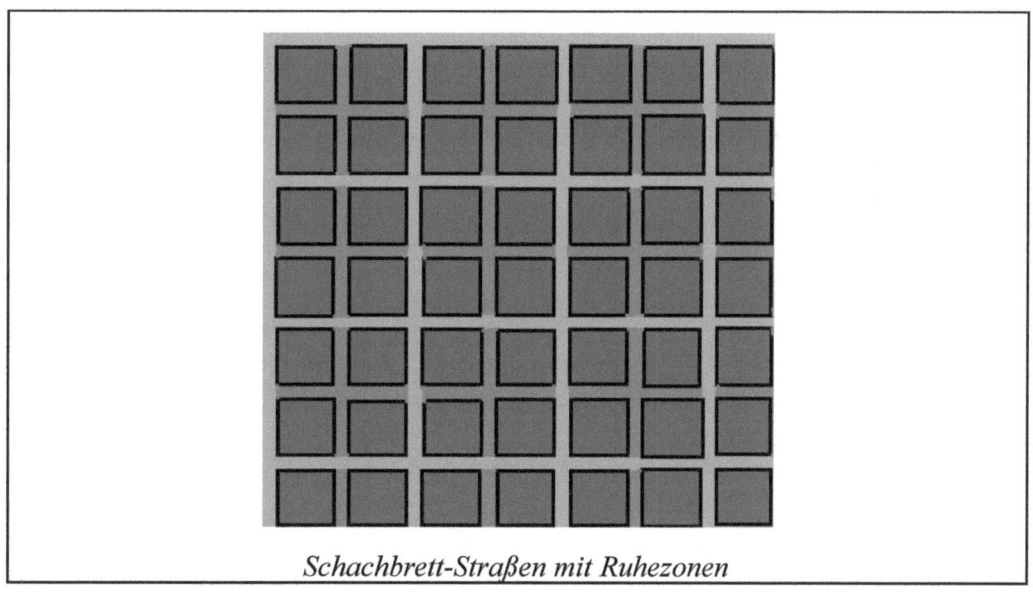

Schachbrett-Straßen mit Ruhezonen

41

Manche Städte sind auch nach den verschiedenen Lebensbereichen strukturiert worden: Wohnviertel, Industrieviertel, Einkaufsviertel, Schul- und Universitätsviertel usw. Die Auslagerung der Industrie mag sinnvoll sein – darüber, ob auch die Trennung von Wohnviertel, Einkaufsviertel und Schulviertel genauso sinnvoll ist, lässt sich zumindest noch streiten.

Eine andere Aufteilung, die sich aus der Flucht aus dem unruhigen Zentrum der Stadt mit ihren großen und hohen Bauten ergibt, ist die Bildung von Vorstädten, in denen sich die Wohlhabenderen Wohnhäuser bauen.

Die Bildung von Megastädten ist ein Prozess, den im Grunde niemand so gewollt und angestrebt hat, sondern die sich aus der Eigendynamik großer Städte ergeben hat und die noch durch die Landflucht vergrößert worden ist. Diese Landflucht entsteht dadurch, dass viele auf dem Land keine Entwicklungsmöglichkeiten und Karrieremöglichkeiten sehen und deshalb in die Stadt ziehen.

Andererseits entsteht durch die Stadtflucht der Erfolgreichen, die sich ein Haus fernab von dem hektischen Getriebe der Stadt leisten können, eine Zersiedelung der Natur.

Wenn man reich und erfolgreich werden will, zieht man in die Stadt – wenn man reich und erfolgreich geworden ist, zieht man wieder aus der Stadt fort.

Die Stadt ist zwar der Ort, an dem man am meisten tun und erreichen kann, aber sie ist nicht unbedingt der Ort, an dem die meisten am liebsten wohnen würde. Das ist ein Widerspruch, der durch neue Wohnformen und Stadtformen aufgelöst werden sollte. Ansätze dazu sind Parks, Grüngürtel und ähnliches, aber eine grundsätzliche Lösung gibt es bisher noch nicht – auch wenn es viele neue Stadtentwürfe gibt.

Ein grundlegendes Problem dabei ist die Überbevölkerung. Wenn auf der Erde nur 2 Milliarden Menschen statt 8 Milliarden Menschen leben würden, wären diese Probleme – grob gesagt – auch nur ein Viertel so groß.

Wenn man sich das bisherige Bevölkerungswachstum anschaut, erhält man eine e-Funktion, d.h. eine Kurve, die ständig schneller wächst. Die Menschheit verdoppelt ihre Anzahl ungefähr seit ca. 1400 n.Chr. alle 150-200 Jahre. Vorher war das Wachstum sehr langsam und wurde durch Kriege, Seuchen, Hungersnöte und dergleichen immer wieder ausgebremst – doch seit ca. 1400 sind diese Einschränkungen des Bevölkerungswachstums weitgehend fortgefallen.

Das bisherige Bevölkerungswachstum wird in dem Diagramm auf der nächsten Seite durch die schwarze Linie dargestellt.

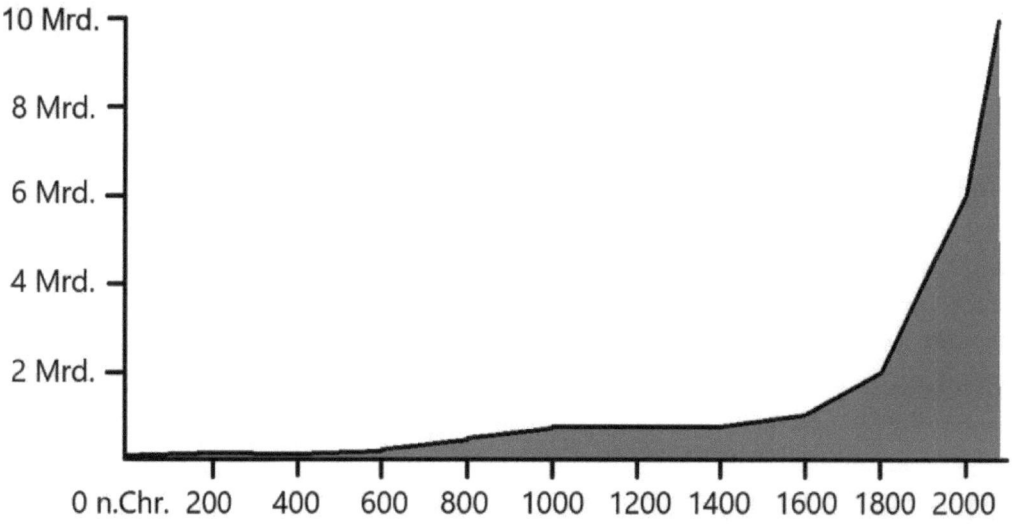

Es gibt verschiedene Möglichkeiten, wie sich diese Kurve weiterentwickeln könnte:

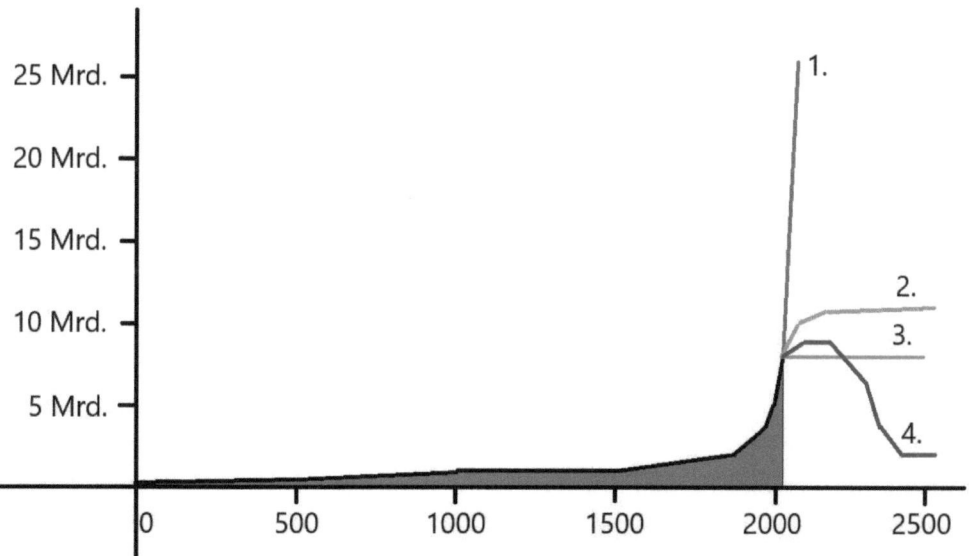

Möglichkeit 1: Das Bevölkerungswachstum bleibt weiterhin eine „Bevölkerungsexplosion" und steigt ungehindert weiter an. Um 2500 werden wir dann ca. 50 Milliarden Menschen sein. d.h. ca. 6-mal so viele wie heute.

Wenn wir nichts unternehmen, ist abzusehen, daß es irgendwann zu einem Kollaps kommen wird – bei 15 Milliarden, bei 25 Milliarden – vielleicht auch erst noch ein bißchen später. Doch endlos kann diese Entwicklung so nicht weitergehen. Es muß also etwas unternommen werden.

Möglicherweise wird sich das Wachstum jedoch auch leicht abschwächen, da derzeit vor allem noch die Bevölkerung von Indien und Afrika stark wächst und in allen anderen Regionenn der Erde nur noch langsam zunimmt bzw. gleich bleibt.

Möglichkeit 2: Das Wachstum der Bevölkerung wird eingeschränkt und stabilisiert sich auf hohem Niveau. Dazu wird es notwendig sein, daß wir die Klimaerwärmung, den Hunger und das Wachstum der Wüsten kollektiv in den Griff bekommen.

Durch neue Techniken ist vermutlich auch eine größere Bevölkerungszahl auf der Erde möglich, aber mit diesen Techniken kann man erst dann planen, wenn sie bereits erfunden hat und sie ausgereift sind. Ansonsten wäre es sehr leichtsinnig, auf solche derzeit noch unbekannte Techniken zu hoffen und zu vertrauen und nichts zu unternehmen.

Es gibt einige Prognosen, die diese Entwicklung voraussagen, doch sicher ist sie nicht.

Möglichkeit 3: Das Einfrieden der Bevölkerungszahl auf dem heutigen Stand. Dafür wären rigorose politische Maßnahmen wie die Vorschrift der maximal-2-Kind-Familie notwendig, was derzeit vollkommen illusorisch wäre. Welche Partei würde so etwas vorschlagen wollen? Eine solche Maßnahme würde die persönliche Freiheit drastisch einschränken und wäre daher sehr unpopulär.

Diese Maßnahmen müßten vor allem in Indien und in Afrika getroffen werden, da die Bevölkerung dort am stärksten wächst.

Möglichkeit 4: Dies ist entweder die optimistische Version, bei der auf die Einsichtsfähigkeit der Menschen gebaut wird, die aus sich heraus beschließen, deutlich weniger Kinder zu bekommen – oder es wäre die drastische politische Version, bei der über 2-3 Generationen die 1-Kind-Familie vorgeschrieben wird.

Das wäre die Version, bei der wir auch ohne neue Techniken und große wirtschaftliche Umstellungen das Weiterleben der Menschen auf der Erde absichern würden. Durch zukünftige neue Techniken könnte die Zahl der Menschen, die auf der Erde leben können, dann wieder allmählich erhöht werden – sofern das dann noch gewünscht wird.

Für welche dieser Entwicklungen wir uns entscheiden werden, ist derzeit nicht abzusehen. Wenn wir jedoch – wie wir Menschen das ja angesichts von drohenden Katastrophen so gerne tun – gar nichts unternehmen, wird Version 1. eintreten – ungehemmtes Wachstum bis zum Kollaps. Dieser Zusammenbruch kann durch die Klimaerwärmung, Hungersnöte, Platzmangel, Verteilungskriege und vermutlich noch einiges anderes zustande kommen.

Es ist nicht klar, was wir tun werden und es ist auch nicht klar, wie wir das dann umsetzen werden – doch es ist klar, daß Nichtstun die schlechteste aller Möglichkeiten ist.

Was hier noch gar nicht bedacht worden ist, sind die Slums und andere Formen von „Armuts-Städten", in denen viele hungern müssen – noch immer sterben jeden Tag 24.000 Menschen den Hungertod. Hier ist sowohl die Überbevölkerung als auch die sehr ungleiche Verteilung des Wohlstands eine Ursache.

Die ideale Stadt ist sicherlich nicht die Stadt, in der mehrere Millionen Menschen wohnen.

In dem Song „Damascus" von „Richard Strange & The Engine Room" gibt es einen netten Satz über die Großstädte: „They say the city never sleeps, but this one sure looks tired ... "

In dem vorigen Kapitel ist die Entwicklung des Ideal-Bildes für einen Ort, den man finden oder den man gestalten will, beschrieben worden.

Die wirkungsvolle Gestaltung eines solchen Ortes erfordert ein wenig Übung im Imaginieren und Konzentrieren sowie mit Traumreisen und mit ähnlichen Vorgängen, die die Lebenskraft lenken und prägen können. Die Realität dieser Tätigkeiten und ihre Wirkungs-Möglichkeiten kann man natürlich nicht durch ein Buch, sondern nur durch die eigene Erfahrung kennenlernen. Daher ist das Folgende nur eine Beschreibung, wie man einen Ort prägen kann, die jedoch erst dann plausibel werden kann, wenn man bereits ein paar Dinge in dieser Art erlebt hat.

Dieses „Gestalten der Lebenskraft eines Ortes", das auch „energetisches Feng Shui" genannt wird, besteht aus mehreren Schritten:

Physische Reinigung

- Entrümpelung des Ortes

- physische Reinigung des Ortes

Die Vorgeschichte des Ortes auflösen

- In manchen älteren Häusern trifft man manchmal auf Geister, die für Unruhe sorgen. Die meisten von ihnen kann man jedoch recht einfach durch Imagination in das Jenseits leiten. Man kann auch Christus, Osiris, Krishna oder eine andere mit dem Jenseits verbundene Gottheit bitten, den Geist des Toten ins Jenseits zu holen. Das mag exotisch klingen, aber es kommt häufiger vor als man allgemein annimmt.

  Der Steinmetz Manfred Himmel hat einst einmal in einem Interview mit der Zeitschrift „Esotera" gesagt, dass er sich viel lieber um die die Geister der Toten kümmern würde als um das Herstellen von Grabsteinen für die Leichen der Toten. Er hat der Zeitschrift auch seine Telefonnummer angegeben. Die „Bild" hat dann diesen Artikel entdeckt und die Telefonnummer von Manfred Himmel in einem großen Artikel über ihn veröffentlicht. Seitdem lebt er davon, dass er Menschen hilft, in deren Häusern es spukt.

- Wenn es alte, intensive Prägungen in einer Wohnung oder in einem Haus gibt, weil sich dort z.B. jahrelang Juden vor der

Verfolgung im Dritten Reich versteckt gehalten haben oder weil dort mehrere Personen mit heftigen Psychosen oder ein zur Gewalttätigkeit neigender Familienvater gelebt hat, ist es sinnvoll, zunächst einmal vor allen weiteren Maßnahmen diese Prägung aufzulösen, die von Ungeübten oft als Unruhe oder ein diffuses Bedrohungsgefühl erlebt wird. Dies geschieht am einfachsten dadurch, dass man diese Prägung durch die Imagination einer Sprengung zerstört.

Die Lebenskraft-Reinigung des Ortes

- Diese Reinigung kann man auf vielerlei Weise durchführen. Eine bewährte Methode besteht aus vier Schritten: Die durch die Vorgeschichte dieses Ortes geprägte Lebenskraft wird durch die Imagination von Feuer verbrannt, durch die Imagination eines Sturmes verweht, durch die Imagination eines Flusses fortgeschwemmt, und schließlich durch die Imagination von Erde in dem Raum oder an dem Ort sozusagen „kompostiert", also neutralisiert.

Die Bitte um Unterstützung

- Man kann eine Gottheit der Verwandlung wie z.B. Shiva bitten, einem bei der Prägung des Ortes zu helfen. Dies kann durch eine kurze Bitte, eine Imagination, eine Traumreise, eine kurze Meditation oder etwas Ähnliches geschehen.

- Für die im Folgenden beschriebene Imaginationen kann man ein Symbol benutzen, das dabei mit dem Finger in die Luft gezeichnet und gleichzeitig imaginiert wird. Davor kann man die Gottheit bitten, dieses Zeichen mit Lebenskraft zu erfüllen. Ein dabei häufig benutztes Symbol ist ein Kreis mit einem Kreuz in ihm ($\oplus$).

- Manchmal werden für diese Imaginationen auch „Einweg-Zauberstäbe", d.h. Streichhölzer benutzt. Man zieht das Symbol ($\oplus$) nicht mit den Fingern, sondern mit einem brennenden Streichholz in der Luft vor sich.

Die Imagination des Ideal-Bildes

- Das ausgewählte Bild wird nun schrittweise mit allen Einzelheiten imaginiert, wobei man vor jeder Imagination das Symbol mit einem brennenden Streichholz in der Luft zieht.

- Wenn man z.B. die Wohnung als einen Adlerhorst imaginiert, stellt man sich an jeder Zimmerecke und an jeder Fensterseite und an jeder Türseite einen Ast der Eiche vor, auf der sich dieser Adlerhorst befindet. Jedes einzelne Detail des Bildes wird in dem Raum einzeln imaginiert und dabei mit einem brennenden Streichholz das Symbol gezogen, um die Lebenskraft der Gottheit, die man um Hilfe gebeten hat, herbeizurufen.

- Das mag vielleicht recht abenteuerlich oder nach Phantasterei klingen, aber wenn man die Prägung eines Ortes auf diese Weise durchführt, kann man schnell die innere Logik und Effektivität dieses Vorgehens spüren. Ein wirkungsvolles Feng Shui ist weit mehr als nur das Aufhängen von ein paar schönen Bildchen und das Abbrennen eines Räucherstäbchens.

Externe Helfer

- In manchen Fällen kann man auch externe Helfer um Unterstützung bitten. Das kann eine alte Eiche sein, deren Qualität der Standfestigkeit man gerne hinter der Lehne des Stuhles haben möchte, auf dem man an seinem Schreibtisch sitzt. Diese Verbindung kann man als milchigweiße Lebenskraft-Lichtschnur von der Eiche zu der Lehne des Schreibtischstuhles imaginieren. In dieser Weise kann man auch die Frische-Qualität des Baches auf der anderen Seite der Straße, die Festigkeit des Felsens auf dem Hügel hinter dem Haus und anderes mehr an einen bestimmten Ort in der eigenen Wohnung einladen.

- Eine weitere Möglichkeit besteht darin, z.B. das Hausaufgaben-Machen der eigenen Kinder dadurch zu erleichtern, dass man über dem Schreibtisch der Kinder das Symbol des Merkur, der als Planet für das Denken zuständig ist, mit einem brennenden Streichholz in die Luft zeichnet und das Symbol dabei imaginiert und Merkur um Hilfe bittet. Die Wirkung ist deutlich …

Spezielle Probleme

- Bisweilen gibt es auch spezielle Schwierigkeiten bei dem Reinigen und Prägen eines Hauses. Ein solcher Fall war z.B. einmal ein riesiger Heizöltank im Keller, der das gesamte Haus mit seiner Ausstrahlung geprägt hat.

  Kohle, Erdöl und Erdgas sind durch das Verfaulen und Komprimieren von Bäumen vor 300 Millionen Jahren entstanden. Der allergrößte Teil dieser Bäume waren Bärlapp-Gewächse – der Bärlapp war damals der „König der Wälder".

  Dadurch ergibt sich die Möglichkeit, einige Kügelchen des homöopathischen Mittels „Lycopodium", das aus Bärlapp hergestellt wird, in Wasser aufzulösen, den Heizöltank mit diesem Wasser zu besprenkeln und dabei den „König der Wälder" zu bitten, die Ausstrahlung dieses Heizöltanks deutlich zu reduzieren und auf den Kellerraum zu beschränken.

- Eine andere Möglichkeit ist z.B. die Qualität von Harmonie, Schönheit und Wohlbefinden in einen Raum einzuladen, indem man einen Tropfen des Rosenöls der Firma Wala an jede Ecke einem Zimmer tupft. Hier kann man recht kreativ werden.

Das Anschließen des imaginierten Bildes

- Wenn das Ideal-Bild an dem Ort fertig imaginiert worden ist, kann man es sozusagen an den „Starkstrom" anschließen. Das geschieht dadurch, dass man eine Lebenskraft-Lichtschnur von dem Ort bis zu dem glühenden Eisen/Nickel-Kern in der Mitte der Erde hinab imaginiert und dann von dort Lebenskraft heraufruft. Das ist der Punkt, ab dem das imaginierte Bild an dem Ort wirklich kraftvoll und lebendig und deutlich spürbar wird.

- Schließlich kann man noch einen Lichtstrahl nach oben zur Sonne imaginieren und von ihr Bewusstheit erbitten, die an den Ort herabfließen und ihn erfüllen soll.

Beenden der Prägung des Ortes

- Man sollte das Ritual auf eine passende Weise beenden. Eine einfache Möglichkeit ist es, beide Hände flach auf den Boden zu legen, sich zu bedanken und einmal „Ho!", „Amen." oder etwas Ähnliches zu sagen.

Wenn die Imagination erfolgreich gewesen ist, wird jeder, der an diesen Ort kommt, aber nichts von der Prägung weiß, die veränderte Stimmung an diesem Ort spüren. Wenn die Prägung wirklich kraftvoll gewesen und „eingerastet" ist, werden alle an diesem Ort einen „warmen" Duft riechen, der an Vanille und frisches Brot erinnert.

(Eine ausführlichere Anleitung findet sich in: Harry Eilenstein - „Feng Shui für Anfänger".)

Die Utopie:
eine Vielfalt von lebensfördernden Wohnformen und die Prägung des Ideal-Bildes an allen wichtigen Orten

7. Begegnung

♎

„No man is an island, " wie man im Englischen so schön sagt. Das gilt auch für das Wohnen. Aber es wird nicht allzu oft beim Bau von Wohnungen und bei der Städteplanung berücksichtigt.

- Sind die Wohnungen für ein Zusammenleben geeignet? Dafür ist der Zuschnitt der Zimmer und die Art der Verbindungen zwischen ihnen wichtig.

- Sind sie kinderfreundlich? Sind überhaupt Kinder erlaubt?

- Sind Tiere erlaubt? Das kommt eher selten vor …
- Gibt es Orte, an denen man sich mit Nachbarn treffen kann, wie kleine Parks mit Bänken oder Spielplätze für die Kinder? Das erhöht die Lebensqualität ganz deutlich.
- Gibt es in den Städten Bäche oder kleine Flüsschen mit einer Aue, in der man mit seinen Kindern sitzen kann? Hier lässt sich mit geringem Aufwand eine deutliche Verbesserung des Wohlbefindens in einem Dorf oder in einer Stadt herstellen.
- Gibt es Orte, an denen sich die Jugendlichen treffen können? Daran mangelt es in den meisten Dörfern und Städten – und die Plätze, an denen sie sich versammeln, werden sehr oft zugepflanzt oder auf sonst eine Weise unzugänglich gemacht, damit die „störenden" Jugendliche woanders hingehen und sich am besten erst gar nicht versammeln …
- Gibt es Parks, die zum Verweilen einladen? Parks, die wirklich diesen Namen verdienen, sind in Städten fast nur da zu finden, wo sie während der späten Barockzeit angelegt worden sind …
- Gibt es Plätze, an denen Obdachlose schlafen können? Das hat Seltenheitswert …
- Gibt es Plätze, an denen nomadisch lebende Menschen ihren Van oder ihren Bauwagen für ein paar Tage abstellen können? Das findet man sogar noch seltener.

Es gibt zumindest in den Städten meistens Kinos, Theater, Geschäfte, Schulen und Universitäten. In den Dörfern und in den kleineren Kleinstädten findet man zwar in der Regel noch eine Wirtschaft, aber bereits nach einem Tante-Emma-Laden sucht man in fast jedem Dorf und auch in den meisten Kleinstädten vergeblich. Der Handel ist auf die Supermärkte zentralisiert worden.

Das bedeutet, dass die Lebendigkeit in den Dörfern schwindet – sie werden zu Wohnplätzen und sind manchmal auch noch Arbeitsplätze, aber keine Orte, an denen sich das ganze Leben einschließlich Einkauf, Schule und Freizeit abspielt. Wenn man nicht gerade zum Einsiedler veranlagt ist, bleibt einem kaum eine andere Wahl als in die Stadt zu ziehen. Die einzige Alternative zum Einsiedler ist die Dorfbewohner die Bereitschaft, sehr oft mit dem Auto in die nächste Stadt zu fahren.

Es gibt noch einen wichtigen Punkt in Bezug auf das Wohnen und die Gemeinschaft: das Verhältnis zwischen Mieter und Vermieter.

> Was will der Mieter? Guten Wohnraum zu einem niedrigen Preis,
> Was will der Vermieter? Hohe Einnahmen mit möglichst wenig Mühe.

Das sind offensichtlich zwei sich widersprechende Motivationen – was bedeutet, dass hier eine Konkurrenzsituation vorliegt. Solche Konkurrenzsituationen sind typisch für die Pubertät und für den Materialismus. Für das Erwachsensein und für die Problemlösungen in der Epoche der Globalisierung ist hingegen die Kooperation typisch.

Es stellt sich somit die Frage, wie eine solche Kooperation erreichbar sein könnte. Dazu gibt es verschiedene Ansätze, aber noch keine Patentlösung.

- In den meisten Wohnhäusern hat der Mieter gar keine Möglichkeit, mit dem Vermieter selber zu sprechen, da eine Hausverwaltung zwischen Mieter und Vermieter zwischengeschaltet ist, die die Aufgabe hat, für die rechtzeitige Zahlung der Miete zu sorgen, das Haus in Ordnung zu halten und dem Vermieter jeglichen Stress fernzuhalten. Es gibt also für den Mieter oft gar keine Möglichkeit, überhaupt nur mit dem Vermieter zu sprechen. Stattdessen muss er sich an die Hausverwaltung wenden, die eher formal-desinteressiert wie eine Behörde oder abweisend-hart wie ein Leibwächter ist. Das direkte Gespräch mit dem Vermieter wäre sicherlich noch kein Allheilmittel, aber möglicherweise könnten sich manche Probleme im direkten Gespräch schneller lösen lassen.
- Ein Ansatz, der nicht mehr mit allzu viel Elan verfolgt wird, ist der Bau von Sozialwohnungen, die meistens dem Staat gehören und die mit einem Wohnberechtigungsschein recht günstig gemietet werden können.
- Ein Ansatz, der die Qualität der Wohnungen verbessern würde, wäre das Verursacherprinzip: Jeder, der ein Haus baut, muss auch ein Jahr lang in einer durchschnittlichen Wohnung in diesem Haus wohnen.
- Es wäre auch eine „Wohnqualitäts-Steuer" denkbar, die alle Vermieter zahlen müssten und die dann als Zuschuss an diejenigen Vermieter wieder verteilt wird, die Wohnungen mit guter Wohnqualität zu niedrigen Mieten zur Verfügung stellen. Ein solches System würde die Vermieter – wenn diese Steuer ausreichend hoch ist – dazu bringen, möglichst günstigen, aber

trotzdem guten Wohnraum zur Verfügung zu stellen.

Diese Steuer wäre sozusagen eine Strafe für schlechten und teuren Wohnraum und eine Belohnung für guten und günstigen Wohnraum. Die gesamten Einnahmen aus dieser Steuer, die für jeden Vermieter z.B. 30% betragen könnte, würde wieder an die Vermieter zurückfließen, aber eben nicht zu allen, sondern zu einem größeren Teil zu den Vermietern guter, günstiger Wohnungen und zu einem kleineren Teil zu den Vermietern schlechterer Wohnungen.

Durch diese Maßnahme, also diese „Wohnqualitäts-Steuer", würden die Mieteinnahmen so umverteilt, dass es sich nur lohnt, günstigen und guten Wohnraum anzubieten, da das Anbieten von schlechtem und teurem Wohnraum den betreffenden Vermietern eine schlechte Gewinnspanne einbringt.

Man könnte natürlich auch dafür sorgen, dass Wohnungen grundsätzlich Eigentum und nicht gemietet sind – allerdings ist es dabei die Frage, wie man das erreichen kann und was dann bei einem Wohnungswechsel geschieht.

Wenn sich die Menschen sich dazu entschließe könnten, weniger Kinder zu bekommen, sodass die heutige Überbevölkerung der Erde allmählich wieder von 8 Milliarden Menschen auf 1-2 Milliarden Menschen – wie um 1900 – schrumpfen würde, wäre auch das Problem der Wohnungsnot sehr schnell erledigt. Vermutlich würde sich dann auch die Qualität der Wohnungen verbessern, da dann keine neuen Wohnungen mehr gebaut werden müssten, sondern nur die alten renoviert werden müssten – es könnten auch in vielen Fällen durch einen Türdurchbruch zwei Wohnungen zu einer verbunden werden. Die derzeitige Überbevölkerung ist die Wurzel der meisten derzeitigen Probleme – aber dieses Thema und die Vorschrift der 1-Kind-Familie ist so ziemlich das unpopulärste Thema, das sich ein Politiker vorstellen kann.

Ob die hier beschrieben Maßnahmen ausreichen würden, um eine Kooperation zwischen Mieter, Vermietern und dem Staat in Gang zu bringen, ist zwar fraglich, aber es wären zumindest ein paar Schritte in die richtige Richtung.

Dieses Anstreben einer allgemeinen Kooperation im Wohnbereich würde natürlich von vielen als „Sozialismus", „zentrale Planwirtschaft", „Kommunismus", „Diktatur" usw. bezeichnet und bekämpft werden, aber wenn wir als Menschheit erwachsen werden und nicht endlos in der Pubertät feststecken wollen, ist es notwendig, unseren eigenen Egoismus in einen größeren Zusammenhang zu stellen und auch für das Wohl der Ärmeren und Hilfloseren zu sorgen.

Anderenfalls wird es früher oder später zu Unruhen, Aufständen und Revolutionen kommen. Ein Staat, in dem der größte Teil der Bevölkerung mit seiner Lage zufrieden ist, ist das beste Fundament für die Wahrung des Friedens. Und eine gute Wohnqualität ist ein wesentliches Element für das eigene Wohlbefinden …

Ungefähr die Hälfte der Menschen sucht vor allem nach Freiheit – die andere Hälfte sucht nach Sicherheit. Das war während der Corona-Pandemie deutlich zu sehen: Die eine Hälfte wollte unbedingt sofort die nächste Impfung haben – das waren die, die nach Sicherheit suchen. Die andere Hälfte wollte auf keinen Fall geimpft werden – das waren die, die nach Freiheit suchen.

Das findet sich auch in der Politik: Auf der einen Seite stehen die Freiheitlichen, die die Freie Marktwirtschaft, den freien Waffenbesitz und Ähnliches wollen – auf der anderen Seite stehen diejenigen, die die soziale Absicherung, Waffenkontrolle u.ä. wollen.

Diese „Freiheit oder Sicherheit"-Polarisierung liegt auch bei den Mietern, die Sicherheit suchen, und bei den Vermietern, die Freiheit wollen, vor.

Die psychologische Richtung, für die die Bindungsformen die wesentliche Grundlage sind, hat diese beiden Typen untersucht. Dabei hat sich herausgestellt, dass ca. ein Drittel der Menschen weitgehend heil und moderat freiheitlich ist, ein weiteres Drittel weitgehend heil und moderat sozial, ein Sechstel gesteigert freiheitlich und ein weiteres Sechstel gesteigert sozial ist. Von diesen beiden extremen Sechsteln wechselt ein kleiner Teil immer wieder zwischen den beiden Extremen hin und her.

Das bedeutet, dass zwei Drittel der Bevölkerung zwar eine Vorliebe für Freiheit oder für Sicherheit (soziale Einstellung) hat, aber dass sie gemäßigt sind und daher auch kooperationsbereit und kooperationsfähig sind. Das Problem sind hingegen die beiden Sechstel mit den extremen Vorstellungen und Bestrebungen. Offenbar ist es notwendig, dass die zwei Drittel sich ihres Maßhaltens wirklich bewusst werden müssen. In einem zweiten Schritt sollten sie diese Mäßigung und diese Fähigkeit, sowohl die Freiheit als auch die Sicherheit in einer sinnvollen Kombination zu leben, gegen alle extremen Bestrebungen der Freiheits-Front und des Sicherheits-Systems verteidigen können.

Die beiden Drittel sind weitgehend heil, d.h. Sie leben in einer ausreichenden inneren Fülle, Kraft und Selbstliebe. Den beiden Sechsteln fehlen hingegen diese drei Dinge – sie leiden stattdessen in mehr oder weniger großem Maße unter Mangel, Angst und Selbstzweifeln.

Die „Freiheitlichen" reagieren auf diese drei Gefühle, indem sie immer lauter werden, wodurch der Mangel zur Sucht, die Angst zur Täterschaft und die Selbstzweifel zur Angeberei werden.

Die „Sozialen" reagieren auf diese drei Gefühle, indem sie immer leiser werden, wodurch der Mangel zu Verzicht, die Angst zur Opferrolle und die Selbstzweifel zu Schüchternheit werden. Dieser Typus fällt in der Politik deutlich weniger auf als sein Gegenpol.

Es ist von größter Wichtigkeit, dass sich die Zwei-Drittel-Mehrheit der Gemäßigten nicht durch eines der beiden Sechstel der Extremen aus ihrer Mitte bringen lässt und dann von ihnen dominiert wird, denn sonst geht die weitgehend heile Mitte der Gemäßigten verloren. Dieser Polarisierungs-Prozess war während der Corona-Krise sehr deutlich zu beobachten.

Das generelle Bemühen darum, diese beiden extremen Sechstel, die von Sucht und Verzicht, von Machtstreben und Ohnmacht, von Angeberei und Schüchternheit geplagt werden, zu heilen, ist somit auch eine der tieferen Grundlagen dafür, die Konkurrenz zwischen Mietern und Vermietern aufzulösen.

Die kollektive Heilung von Mangel, Angst und Selbstzweifeln würde unsere Welt vermutlich sehr gründlich verändern …

- - -

Von der Seite der Lebenskraft her betrachtet ist es wichtig, dass man in einer passenden Umgebung lebt – sowohl von den Menschen her gesehen als auch von der Natur her gesehen. Jeder Mensch braucht ein bestimmtes „Biotop" um gedeihen zu können. Dieses Biotop ist bei jedem Menschen anders, auch wenn es natürlich viele Gemeinsamkeiten gibt.

Es ist sehr hilfreich, wenn man dieses Biotop, diese Ortsqualität kennt, in der man am besten gedeihen kann.

Natürlich kann sich das im Laufe der Jahre auch ändern. So wird man sich nach einer Stressperiode vermutlich leichter im norddeutschen Schwemmland wieder entspannen und erholen können, während man dann, wenn man zu erkennen versucht, was für einen das wirklich Wichtige im Leben ist, in einem vulkanischen Gelände wie der Eifel, dem Siebengebirge oder dem Vogelsberg wesentlich besser aufgehoben ist.

- - -

Die Utopie:

Begegnungsorte, Mäßigung, Kooperation, die passende Umgebung

8. Krisen

♏

Egal, welche Ansichten man hat, welche Wohnform man vorzieht und wie heil man schon selber ist – man kommt man nicht an den großen kollektiven Herausforderungen bezüglich des Wohnens vorbei. Dies sind:

1. die Überbevölkerung,

2. die Megastädte,

3. die Slums und Elendsviertel,

4. die Migranten und

5. die Ghettos.

Jede dieser Herausforderungen braucht eine gute Antwort, die zu einer allgemeinen Lösung dieser Probleme führt. Wie meistens gibt es nicht das eine Patentlösung, sondern nur Lösungsansätze.

1. Für die noch immer schneller als jemals zuvor steigende Zahl an Menschen auf der Erde – derzeit 8 Milliarden – die nicht beliebig lange so weiterwachsen kann, muss dringend eine Lösung gefunden werden. Allerdings wird schon seit Jahrzehnten vor den Folgen der Überbevölkerung der Erde gewarnt, doch außer China hat noch kein anderes Land etwas dagegen unternommen. Es gibt allerdings auch einige Länder wie Deutschland, in der die Bevölkerung bereits schrumpfen würde, wenn nicht so viele Menschen nach Deutschland einwandern würden. Derzeit wächst die Bevölkerung vor in Afrika und in Indien am stärksten. Bei einer Weltbevölkerung, die nur ein Viertel so groß wie heute wäre – also 1-2 Milliarden - würden sehr viele Probleme sehr viel kleiner werden – sogar die Klimaerwärmung würde sofort drastisch nachlassen, da sich auch der CO_2-Ausstoss auf ein Viertel reduzieren würde.
   Diese Maßnahme ist auch der wichtigste Schlüssel zu den vier anderen Punkten, die nun noch folgen.

2. Die Megastädte, in denen das Leben nicht mehr unbedingt lebenswert ist, würden durch eine allmähliche Reduzierung der Weltbevölkerung auf ein Viertel wieder deutlich schrumpfen.

3. Die Slums und Elendsviertel würden sich ebenfalls weitgehend auflösen, da es nach der Schrumpfung der Weltbevölkerung genügend besseren Wohnraum gäbe.
4. Die Migranten flüchten zum einen wegen Kriegen und zum anderen wegen der Wüstenbildung aufgrund des Klimawandels aus ihren Heimatländern in die reicheren und vor allem friedlicheren und feuchteren Länder. Wenn das Schrumpfen der Weltbevölkerung die Klimaerwärmung rückgängig machen würde, würde auch einer der beiden Hauptgründe für die vielen Flüchtlinge fortfallen.
5. Die Ghettos, also die Stadtviertel, in denen nur bestimmte Gruppen von Ausländern leben – also die Chinatown, das Türkenviertel u.ä. – sind nicht unbedingt ein Problem, aber sie können zu einem Problem werden, wenn es zu einem Streit oder gar Kampf zwischen den beiden Kulturen des Gastlandes und des Ghettos kommt. Daher ist die Integration oder zumindest die feste Anbindung dieser Kultur-Inseln an die Hauptkultur des Landes wichtig.

Wenn eine Möglichkeit gefunden würde, von dem derzeitigen Bevölkerungs-Wachstum zu einer Bevölkerung-Schrumpfung überzugehen, wäre das das effektivste Mittel, um die meisten heutigen Probleme der Menschheit deutlich zu verkleinern. Doch leider ist das ein Thema, das derart unpopulär ist, dass es den allermeisten Menschen nicht einmal bewusst ist, dass es dieses Problem gibt und welch großen Auswirkungen es hat.

Im Grunde versuchen wir als Menschheit auf unserer Erde so zu leben, als ob sie viermal so groß wäre als sie tatsächlich ist – das ist so ähnlich, als ob man versuchen würde, mit sechzehn Studenten in einer 4-Zimmer-WG zurechtzukommen …

Das kann nur scheitern. Aber während das jeder bei einer WG sofort einsehen würde, scheinen die allermeisten eher blind zu sein, wenn sie unsere Situation auf der Erde betrachten …

- - -

In Bezug auf die Ortsqualität ist das Wichtigste, was es gibt, bereits beschrieben worden: die Lebenskraft-Verbindung von dem Wohnort zu dem glühenden Eisen/Nickel-Kern in der Mitte der Erde.

Auch jeder einzelne Mensch hat diese Verbindung zum Erdkern – mehr oder minder aktiv. Wenn man diese Verbindung erweckt hat, erlebt man sie als ein inneres aufsteigendes Feuer. Das ist die Kundalini – dies ist eines der wichtigsten Erlebnisse in der Meditation. Dies Erlebnis ist entweder die Ursache einer sehr gründlichen

Heilung oder die Folge einer sehr gründlichen Heilung.

Die Utopie:

die Stabilisierung der Weltbevölkerung;
der Anschluss der Wohnungen und auch der einzelnen Menschen
an die Lebenskraft in dem glühenden Eisen-Nickel-Kern der Erde

9. Entwicklung

Ein weiterer Aspekt des Wohnens ist die Anbindung an das Umland und der Anschluss an Fernverbindung, also die Frage, wie weit der nächste Bahnhof, die nächste Autobahn, der nächste Flughafen und der nächste Hafen entfernt sind. Das ist in den Städten in der Regel kein Problem, aber beim Wohnen auf dem Land kann es sein, dass man von diesen Anschlüssen weitgehend abgeschnitten ist. Der Wohnort – also das Dorf oder die Stadt – steht nicht für sich alleine da, sondern ist in das Netz aller Dörfer und Städte eingebunden, was wiederum das Entwicklungspotential an einem Ort mitbestimmt.

Generell sind Wohnungen, Häuser und Orte zwar etwas recht Beständiges, aber auch sie entwickeln sich weiter, d.h. sie werden weiterentwickelt. Dies geschieht durch Renovierungen, Umbauten, Abrisse und Neubauten. Das wird zum einen durch die Absichten der Einzelnen, aber auch insgesamt durch den Bebauungsplan u.ä. gelenkt. Wenn diese Veränderungen zu einer wirklichen Verbesserung führen sollen, ist es ausgesprochen hilfreich, eine möglichst klare Vorstellung davon zu haben, wie der bessere Zustand eigentlich aussehen soll. Das ist für einen einzelnen Umbau noch recht einfach, aber für die Umgestaltung oder den Umbau eines Dorfes oder einer Stadt schon deutlich anspruchsvoller.

Das Anbringen von „Balkonkraftwerken" (kleine Solaranlagen), Solaranlagen auf dem Dach und Solarthermien (Warmwasser) könnte ein Element sein, das mit begrenztem Aufwand schon einen deutlichen Nutzen bringt. Ebenso ist die Kälte-Isolation des Hauses eine solche klimafreundliche Maßnahme, da sie den Heizungs-bedarf verringert.

Bei all diesen Weiterentwicklungen von Dörfern und Städten gibt es jedoch das Problem, das fast immer weitere Flächen für Neubauten gebraucht werden und somit kaum Spielraum für das Anlegen von Grünflächen oder den vermehrten Bau von Einfamilienhäusern bleibt.

Dabei geht es nicht einmal nur darum, dass alle, die bereits da sind, guten und günstigen Wohnraum erhalten, sondern auch darum, dass die Weltbevölkerung noch immer wächst statt schrumpft. Eine schrumpfende Weltbevölkerung würde den Bedarf an Wohnraum reduzieren und es daher ermöglichen, z.B. auch Großstädte allmählich umzubauen und mehr „grüne Inseln" in ihnen zu schaffen und nach und nach sowohl die Slums aufzulösen als auch die schlimmsten „Wohnsilos" abzureißen.

Die Weiterentwicklung von solch beständigen Dingen wie Häusern oder einer ganzen Stadt erfordert eine lebendige Vision von der Zukunft, die den größten Teil der Menschen überzeugen und begeistern kann. Diese Vision muss dann zu einem Plan konkretisiert werden, der auch über längere Zeit hin Bestand hat, damit das Ziel auch erreicht werden kann.

- - -

Mithilfe des „energetisches Feng Shui", also der Prägung der Lebenskraft, lassen sich nicht nur Wohnungen und Häuser, sondern auch Orte verändern. Das ist natürlich ein weitaus größerer Aufwand, der auch durch eine dazu passende entsprechende Städteplanung und den entsprechenden Baumaßnahmen, Begrünungen und ähnliches unterstützt werden sollte.

Dieser Ansatz ist vor allem in China – aus dem das Feng Shui stammt – und einigen angrenzenden Ländern mittlerweile recht weit entwickelt worden. Dort lassen sich viele Anregungen auch für die Gestaltung von Großstädten finden.

Einen zweiten Ansatz gibt es in Island. Dort wird die Natur noch immer als belebt empfunden, also als von Lebenskraft erfüllt. Das hat dazu geführt, dass es eine Elfenbeauftrage gibt, die bei allen Neubauten von Häusern oder Straßen den Ort untersucht und nach Elfenorten („Kraftplätzen") sucht, die durch Neubau nicht gestört werden dürfen.

Zur Zeit hat Erla Stefánsdóttir diese Stellung inne. Ihre Hinweise auf Elfenorte sind für die Bauplanung bindend. Diese Tradition geht bis zu der Besiedlung Islands durch die Wikinger um ca. 650 n.Chr. In dem damaligen isländischen Recht besagte gleich der allererste Paragraph, dass die Drachenköpfe von den Drachenschiffen sofort, wenn Island in der Ferne in Sicht kam, abgenommen werden mussten, damit die Pukis (Landgeister) nicht verscheucht werden würden – was zu Missernten und Verderben führen würde.

Ähnliche Vorstellungen von Landgeistern, Korngeistern u.ä. sind sehr weit verbreitet und sind aus dem Brauchtum der meisten Völker bekannt. In einem größeren Zusammenhang betrachtet sind diese Geister Teile der Erdgöttin, des Korngottes und ähnlicher Gottheiten.

Bei der Entwicklung eines Ortes kann man also auch den Zustand der Lebenskraft an diesem Ort berücksichtigen. Natürlich sind auch hier wieder konkrete eigene Erfahrungen notwendig, um die Realität dieser Orts-Lebenskraft erleben zu können. Diese Erfahrungen können aus dem Feng-Shui stammen, aus dem Brauchtum, aus der Religion, aus dem Wünschelrutengehen, aus der Anwendung des astrologischen Thun-Kalenders im Gartenbau und aus vielem anderen mehr. Alle diese Ansätze dienen dazu, einen Ort in die gewünschte Richtung weiterzuentwickeln.

Wie bei allen Dingen gibt es auch hier eine „kritische Masse". Wenn sich nur ein Bauer an den Thun-Kalender hält und daher bessere Ernten einfährt, wird das von den anderen ignoriert, aber wenn sich fünf Bauern an den Thun-Kalender halten und bessere Ernten haben, werden die anderen neugierig und übernehmen diese Methode, um genauso gute Ernten zu erlangen wie ihre Nachbarn.

Dasselbe gilt auch für das Feng-Shui, die Landgeister, die Leylines, die Kraftorte usw., die durch das rein naturwissenschaftliche Weltbild, die Industrialisierung, die Landflucht usw. in Vergessenheit geraten sind.

Man darf vermuten, dass es auch bei der Weiterentwicklung von Häusern und Orten den Effekt geben wird, dass sich die Steigerung der Wohnqualität durch Lebenskraft-Maßnahmen an einzelnen Orten dann, wenn dies genügend Menschen ausprobiert und für wirksam befunden haben, zu einer allgemein genutzten Methode werden wird.

Die Utopie:

eine ausreichende Anzahl von Pionieren wird die Steigerung der Wohnqualität durch materielle Änderungen und durch Lebenskraft-Maßnahmen schließlich allgemein üblich werden lassen

---

10. Geschichte

VS

In den meisten Fällen hilft es, wen man die historische Entwicklung eines Themas in den groben Zügen kennt. Dies trifft auch für das Wohnen zu.

- vor der Altsteinzeit (vor 2.000.000 Jahren): vermutlich halbkugelförmige Hütten aus Ästen und Laub
- frühe Altsteinzeit (vor 1.000.000 Jahren): Hütten aus einer runden Steinmauer und einer Kuppel aus Ästen und Laub
- Beginn der Eiszeit (vor 700.000 Jahren): in Eurasien halbkugelförmige Hütten aus Steinmauer, Ästen und Fellen, die mithilfe von Steinen, die in einem Feuer vor der Hütte zum Glühen gebracht wurden, beheizt wurden; wenige Hütten in loser Anordnung an einem Ort zusammen mit einem durch Pflastersteine befestigten Ritualplatz mit Altar (Opferstein, Stierschädel, Ahnenschädel) und Schlachtplatz; Entwicklung von warmer Kleidung
- Beginn der Jungsteinzeit (12.000 v.Chr.): ein Dutzend lose gruppierte Hütten; gemeinsame Tempel aus Steinmauern und Äste/Laub-Kuppeln (Göbekli Tepe)
- frühe Jungsteinzeit (9.000 v.Chr.): rechteckige Hütten, die halb in die Erde eingegraben waren und deren Tür eine Dachklappe war.
- mittlere Jungsteinzeit (7.000 v.Chr.): rechteckige, z.T. zweigeschossige Hütten, die eng aneinander gebaut waren und durch das Dach zugänglich waren und zwischen denen es nur wenige Straßen und Plätze gab (Çatal Höyük); sie gleichen den Pueblos der Anasazi-Indianer in Arizona
- späte Jungsteinzeit (4.000 v.Chr.): erste größere Dörfer/Städte mit Kultzentrum und Schutzmauer; Häuser mit Türen in der Seitenwand statt der Dachluke (Mesopotamien)
- frühes Königtum (3.250 v.Chr.): Dörfer aus losen Gruppen von Häusern, große Kultbauten wie Tempel und Stufenpyramiden (Ägypten)
- mittleres Königtum (1500 v.Chr.): geplante Städte auf kleinem Raum, um die Befestigungsanlagen rings um die Stadt möglichst klein zu halten (Ägypten, Mesopotamien, Indien, China); erste Ansätze gab es bereits um 3000 v.Chr.; die unbefestigten Dörfer entwickelten eine Vielfalt an Formen

- Anwendung von Kanonen im Krieg (ab 1331 n.Chr.): Diese Waffe machte nach und nach die Stadtmauern der Städte wirkungslos, wodurch sich die Auflösung der bisherigen „konzentrierten Form" der Stadt und ihre Ausdehnung auf größere Flächen ergab – allerdings gab es auch vorher schon Millionenstädte, die nicht vollständig befestigt werden konnten.
- die ältesten Millionenstädte:

- Rom	(ab ca. Chr. Geburt)
- Bagdad	(ab ca. 800 n.Chr.)
- Kaifeng in China	(ab ca. 1000 n.Chr.)
- Yasodharapura (Kambodscha)	(ab ca. 1000 n.Chr.)
- Peking	(ab ca. 1600 n.Chr.)
- London	(ab ca. 1810 n.Chr.)
- Paris	(ab ca. 1830 n.Chr.)
- New York	(ab ca. 1830 n.Chr.)

- Neuzeit (ab ca. 1850): Auflösung der alten Zentrierung der Städte auf Kirchen und Paläste; Entwicklung der „Downtown" (Innenstadt) mit Einkaufszentren, Kinos, öffentlichen Plätzen u.ä.
- Neuzeit (ab ca. 1945): Entstehung der heutigen Vielfalt an Stadtformen, Entstehung der Form der Megacity

Diese Entwicklung ist mit der ständigen Zunahme der Weltbevölkerung verbunden, die entsprechend der für Wachstumsprozesse typischen Form der e-Funktion zunimmt. Derzeit ist jedoch die Grenze des Wachstums erreicht – und die sinnvolle Größe der Weltbevölkerung längst überschritten:

0 n.Chr.:	300.000.000 Menschen
200 n.Chr.:	400.000.000 Menschen
400 n.Chr.:	300.000.000 Menschen
600 n.Chr.:	400.000.000 Menschen
800 n.Chr.:	500.000.000 Menschen
1000 n.Chr.:	700.000.000 Menschen
1200 n.Chr.:	800.000.000 Menschen
1400 n.Chr.:	800.000.000 Menschen
1600 n.Chr.:	1.000.000.000 Menschen

1800 n.Chr.:	2.000.000.000 Menschen
2000 n.Chr.:	6.000.000.000 Menschen
2022 n.Chr.:	8.000.000.000 Menschen
2084 n.Chr.:	10.300.000.000 Menschen
2200 n.Chr.:	???

Dieses Wachstum ist eigentlich eine Explosion, die um 1800 begonnen hat und sich seither ständig noch weitergesteigert hat. Diese Dynamik wird durch die Graphik auf der nächsten Seite noch deutlicher als durch die Tabelle.

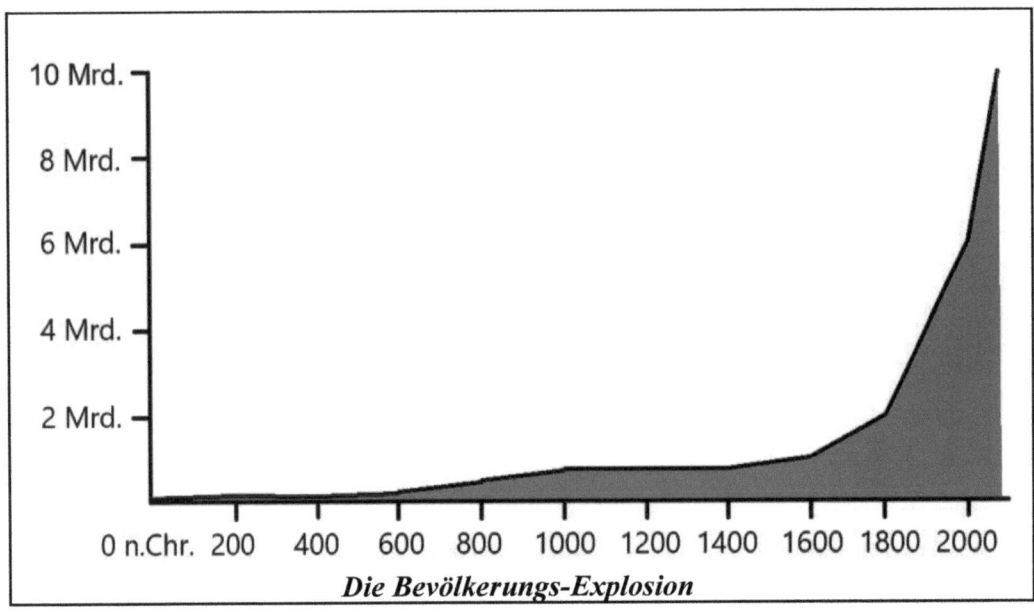

Die Bevölkerungs-Explosion

Da auf der Erde nur begrenzt Platz ist – und auch noch Platz für die Wälder, die den Sauerstoff produzieren, sowie für den Anbau von Nahrungsmitteln benötigt wird – würde die weitere ungehemmte Zunahme der Weltbevölkerung unweigerlich zu einem Kollaps führen. Diese Katastrophe, gegen die die heutige Migration noch ausgesprochen harmlos ist, muss dringend verhindert werden.

Durch die Klimaerwärmung werden zudem viele der fruchtbaren Bereiche der Erde, auf denen Nahrungsmittel angebaut werden, aufgrund des ansteigenden Meeresspiegels überschwemmt werden.

Im Bereich der Lebenskraft kann man das bereits beschriebene Feng-Shui im großen

Stil anwenden und es auch festigen und dadurch die erlangten Ortsqualitäten absichern.

Das ist jedoch ein Bereich, der zum größten Teil erst noch erforscht werden muss. Vermutlich werden die Kraftorte und die Leylines das Grundmuster dafür bilden und das Feng Shui und das energetische Feng Shui die Techniken dafür liefern. Hinzu könnten noch „besondere Orte" wie Kirchen, Moscheen, Tempel, Steinkreise, Forschungszentren, Regierungsgebäude, Vulkane u.ä. als wichtige Punkte in diesem Netz kommen.

Doch das ist – wie gesagt – ein noch weitgehend unerforschter Bereich. Daher ist auch noch unklar, welchen Charakter solche Lebenskraft-Gestaltungen in einem großen Rahmen hätten und wie wirksam sie sein können.

Es ist auch die Frage, wie viel Prägung der Lebenskraft der Erde eigentlich förderlich ist und ob man sie nicht weitgehend frei fließen lassen sollte – so wie dies in Island mit den Landgeistern gehandhabt wird.

Da es zunächst einmal um die Erhaltung des Lebens auf der Erde geht, wird vermutlich vor allem die Einstellung eines Gärtners gebraucht, der sich nur auf eher zurückhaltende Weise in das Wachstum der Pflanzen einmischt.

Die Utopie:
eine mittelfristig wieder schrumpfende statt wachsende und dann stabile Größe der
Menschheit;
eine vorsichtige Prägung der Lebenskraft der Erde

11. Lebewesen

≋

Was ergibt sich aus der derzeitigen Situation als notwendige Utopie für die Zukunft des Wohnens und des Städtebaus?

Die grundlegende Anforderung ist, dass das Wohnen und der Städtebau inklusive des Straßenbaus nicht die Lebensgrundlage der Menschen auf der Erde zerstören darf. Daraus ergeben sich wiederum die folgenden Punkte:

- eine deutlich reduzierte und stabilisierte Größe der Weltbevölkerung,
- eine ausreichend große Waldfläche für die Sauerstoff-Produktion,
- das Aufhalten und Rückgängigmachen der Klimaerwärmung,
- die drastische Reduzierung der Umweltverschmutzung wie z.B. durch das Plastik im Meer,
- das Beenden des Artensterbens,
- der sorgfältige Umgang mit den Rohstoffreserven,
- Bevorzugung von nachwachsenden und recycelbaren Rohstoffen,
- ökologische Energieerzeugung,
- usw.

Die zwar nicht überlebensnotwendige, aber sinnvolle zweite Anforderung ist die Gestaltung der Häuser und Städte in einer Weise, die die Lebensqualität deutlich steigert.

Der dritte Punkt ist die Einbeziehung der Möglichkeiten, die Lebenskraft zu lenken und zu prägen, was ebenfalls die Lebensqualität deutlich erhöhen kann.

Schließlich ist es noch sinnvoll, das Verhältnis zwischen Mietern und Vermietern durch eine „Wohnqualitäts-Steuer" und andere Maßnahmen so zu verändern, dass auf Dauer gesehen eine Kooperation und nicht eine Konkurrenz zwischen den beiden Parteien entsteht.

Dies sind die vier grundlegenden Punkte, an denen etwas geändert werden muss, aber dies ist natürlich keine umfassende Darstellung aller Möglichkeiten.

- - -

In Bezug auf die Lebenskraft könnte ein „Urbild des guten Wohnens" entstehen, das die Punkte umfasst, die besonders wichtig sind. Dies könnte auch ein Standard-Bild für die Prägung einer Wohnung oder einer Stadt mithilfe von materiellem Feng Shui und energetischem Feng Shui werden.

Die Utopie:
eine stabile Wohnform, die die Lebensqualität mithilfe materieller Maßnahmen und mithilfe der Lebenskraft-Prägung fördert

12. Lebensgefühl

♓

Es ist anzunehmen, dass die Häuser und die Städte schrittweise wieder zu einem Teil der Natur werden, d.h. dass der Mensch die Natur nicht mehr zu beherrschen versucht, sondern dass er sich wieder in die Natur integriert und mit ihr und als Teil von ihr lebt.

Aus solch einer Haltung heraus ist das Beachten von Grenzwerten, der Umweltschutz u.ä. eine natürliche Selbstverständlichkeit – denn wer will schon den Ast absägen, auf dem er sitzt?

Das kollektive Unterbewusstsein wird in einer solchen Lebenshaltung vermutlich ein etwas bewussterer Gesamtzusammenhang aller Menschen bzw. aller Lebewesen auf der Erde werden, da der Einzelne sich als Teil des Ganzen sehen wird.

Ob sich daraus bestimmte bauliche Strukturen ergeben, ist ungewiss, aber es wird dadurch sicherlich ein neues Wertesystem und eine neue Haltung entstehen, die erwachsen ist und dafür sorgt, dass die Menschen auf der Erde nicht nur überleben, sondern gut leben können. Die materielle und technische Grundlage dafür ist bereits da – es muss nur noch die Einsicht in die derzeitige Lage der Menschheit bei ausreichend vielen Menschen entstehen und es muss sich daraus ein verändertes kollektives Verhalten ergeben.

- - -

Möglicherweise werden sich in diesem Zusammenhang Kirchen, Tempel, Schwitzhütten und dergleichen zu Kraftorten in der Natur entwickeln – sozusagen zu Chakren im Leib des Lebenskraftkörpers der Erde.

Es ist auch eine Weiterentwicklung der derzeit wichtigsten – und zum größten Teil monotheistischen – Religion ergeben, da sie zwangsweise die Erde als Ganzes und nicht mehr nur den Menschen in den Mittelpunkt stellen müssen.

Eine erwachsene Religion ist immer auch eine ökologische Religion – das bedeutet ganz schlicht, dass sie das Überleben der Menschen auf der Erde im Blick hat. Dadurch wird die Vorstellung von der Erde als ein lebendiges Wesen – Gaia – immer mehr in den Mittelpunkt rücken. Möglicherweise wird dann ein Foto der Erde, das vom Weltall aus gemacht worden ist, das zentrale Kultbild in den Religionen werden.

89

Das kollektive Unterbewusstsein ist organisch gegliedert, was während dieser Entwicklung vermutlich bewusster werden wird:

- das individuelle Unterbewusstsein, das man z.B. in seinen Träumen erlebt;
- das kollektive Unterbewusstsein einer Familie (das z.B. in Familienaufstellungen sichtbar wird);
- das kollektive Unterbewusstsein einer Sippe, das z.B. in der Verhaltenstradition innerhalb einer Sippe deutlich werden kann;
- das kollektive Unterbewusstsein eines Ortes – die Ortsqualität;
- das kollektive Unterbewusstsein einer Landschaft oder eines Volkes – die kulturelle Tradition;
- das kollektive Unterbewusstsein eines Staates;
- das kollektive Unterbewusstsein der Menschheit – in den Religionen ist dies der Urmensch (im Christentum Adam);
- das kollektive Unterbewusstsein aller Lebewesen auf der Erde;

- das kollektive Unterbewusstsein der gesamten Erde – die Erdgöttin Gaia.

Dieses Bild, d.h. diese organische Gliederung der Vielheit, die stufenweise zu einer Einheit zusammengefasst wird, ermöglicht evtl. auch eine größere gegenseitige Toleranz, da man sich als eigenständigen Teil innerhalb eines Ganzen sehen kann.

Sich diese Eigenständigkeit bewahren zu können, aber trotzdem Teil einer Einheit zu werden, wird vermutlich der größte Entwicklungsschritt der Menschheit hin zu einem erwachsenen Verhalten sein.

Die Utopie:

Wohlfühlen als Individuum, Heimatgefühl auf der Erde

Bücher von Harry Eilenstein

Magie für Anfänger
- Telepathie für Anfänger (60 S.)
- Telepathie für Fortgeschrittene (52 S.)
- Telekinese für Anfänger (52 S.)
- Analogien für Anfänger (56 S.)
- Omen und Orakel für Anfänger (52 S.)
- Lebenskraft für Anfänger (60 S.)
- Meditation für Anfänger (56 S.)
- Kundalini für Anfänger (100 S.)
- Hypnose für Anfänger (56 S.)
- Kampfmagie für Anfänger (172 S.)
- Auto-Movement für Anfänger (56 S.)
- Chakra-Magie für Anfänger (148 S.)
- Astralreisen für Anfänger (56 S.)
- Astrologie für Anfänger (120 S.)
- Astrologische Quadrate für Fortgeschrittene (72 S.)
- Partnerhoroskope für Anfänger (100 S.)
- Silberschnüre für Anfänger (52 S.)
- Zaubersprüche für Anfänger (60 S.)
- Ritual-Magie für Anfänger (56 S.)
- Mandalas für Anfänger (68 S.)
- Geldzauber für Anfänger (56 S.)
- Liebeszauber für Anfänger (52 S.)
- Invokationen für Anfänger (52 S.)
- Evokationen für Anfänger (60 S.)
- Geister für Anfänger (52 S.)
- Elfen für Anfänger (56 S.)
- Magie-Forschung für Anfänger (140 S.)
- Magie-Romantik für Anfänger (60 S.)
- Selbsterkenntnis für Anfänger (52 S.)
- Einweihungen für Anfänger (60 S.)
- Drogen-Kabbala für Anfänger (216 S.)
- Zahlensymbolik für Anfänger (60 S.)
- Die Sprache des Mondes – für Anfänger (116 S.)
- Zaubergesänge für Anfänger (100 S.)
- Zukunftschau für Anfänger (60 S.)
- Schamanismus für Anfänger (52 S.)
- Schwitzhütten für Anfänger (52 S.)
- Magische Gegenstände für Anfänger (68 S.)
- Übertragungen für Anfänger (68 S.)
- Zaubertränke für Anfänger (64 S.)
- Magie-Gesten für Anfänger (252 S.)
- Da'ath-Magie für Anfänger (64 S.)
- Magie-Heilungen für Anfänger (68 S.)
- Kornkreise für Anfänger (348 S.)
- Feng Shui für Anfänger (96 S.)
- Tao für Anfänger (112 S.)
- Magie für Anfänger – Sammelband   I (696 S.)
- Magie für Anfänger – Sammelband II (664 S.)
- Magie für Anfänger – Sammelband III (580 S.)
- Magie für Anfänger – Sammelband IV (700 S.)
- Magie für Anfänger – Sammelband V (676 S.)
- Magie für Anfänger – Sammelband VI (640 S.)

Magie
- Handbuch für Zauberlehrlinge (408 S.)
- Wie man das Pentagramm-Ritual zum Leben erweckt (308 S.)
- Tarot (104 S.)
- Physik und Magie (184 S.)
- Die Synthese von Physik und Magie (200S.)
- Die Magie-Formel (156 S.)
- Schwarze Löcher in der Magie (56 S.)
- Krafttiere – Tiergöttinnen – Tiertänze (112 S.)
- Schwitzhütten (524 S.)
- Mythen und Magie der Harfe (116 S.)
- Drei Adeptus Major Rituale (192 S.)
- Drei Adeptus Exemptus Rituale (120 S.)
- Zwei Infans Abyssi Rituale (128 S.)

Traumreisen
- Traumreisen zu Heilpflanzen (700 S.)
- Traumreisen zum kabbalistischen Lebensbaum (132 S.)

Meditation
- Der Lebenskraftkörper (230 S.)
- Die Chakren (100 S.)
- Das Chakren-System mit den Nebenchakren (296 S.)
- Organe und Chakren (64 S.)
- Die platonischen Körper in den Chakren (156 S.)
- Meditation (140 S.)
- Drachenfeuer (124 S.)
- Kundalini I (676 S.)
- Kundalini II (672 S.)
- Reinkarnation (156 S.)
- einsgerichtet (140 S.)

Astrologie
- Astrologie (496 S.)
- Photo-Astrologie (428 S.)
- Die astrologischen Aspekte (88 S.)
- Horoskop und Seele (120 S.)

Kabbala
- Kursus der praktischen Kabbala (150 S.)
- Eltern der Erde (450 S.)
- Blüten des Lebensbaumes:
    1. Die Struktur des kabbalistischen Lebensbaumes (370 S.)
    2. Der kabbalistische Lebensbaum als Forschungshilfsmittel (580 S.)
    3. Der kabbalistische Lebensbaum als spirituelle Landkarte (520 S.)
- Logik und Wirkung der Analogie (700 S.)

Eilenstein, Frater V.D., Knecht, Büdenbender
- Magie heute – Berichte aus der Praxis (288 S.)

Büdenbender, Eilenstein
- Chaos, Alk und Magic (436 S.)

93

Religion allgemein
- Die sieben Schritte des Lebens (428 S.)
- Muttergöttin und Schamanen (168 S.)
- Totempfähle (440 S.)
- Der Urriese (168 S.)

Jungsteinzeit
- Göbekli Tepe (472 S.)
- Die Göttin von Göbekli Tepe (144 S.)
- Die Rituale von Göbekli Tepe (112 S.)

Ägypten
- Hathor und Re 1: Götter und Mythen im im Alten Ägypten (432 S.)
- Hathor und Re 2: Die altägyptische Religion – Ursprünge, Kult und Magie (396 S.)
- Isis (508 S.)
- Ma'at (200 S.)

Indogermanen
- Die Entwicklung der indogermanischen Religionen (700 S.)
- Wurzeln und Zweige der indogermanischen Religion (224 S.)

Christentum
- Christus (60 S.)
- Die Biographie des Teufels (144 S.)
- Die Magie der Propheten Elias und Elisa (96 S.)

Psychologie
- Über die Freude (100 S.)
- Das Geheimnis des inneren Friedens (252 S.)
- Das Beziehungsmandala (52 S.)
- Gefühle und ihre Verwandlungen (404 S.)
- einsgerichtet (140 S.)
- Liebe und Eigenständigkeit (216 S.)
- Von innerer Fülle zu äußerem Gedeihen (52 S.)
- Kreative Hochzeits-Rituale (56 S.)

Heilung
- Die Symbolik der Krankheiten (76 S.)

Kunst
- Herz des Tanzes – Tanz des Herzens (160 S.)
- Die Wurzeln der Kunst (60 S.)
- Wege zur Musik-Improvisation (32 S.)

Drama
- König Athelstan (104 S.)

Roman
- Maran der Schamane (548 S.)
- Maran der Zauberlehrling (676 S.)
- Maran der Harfner (700 S.)
- Maran der Krieger (700 S.)
- Maran der Magier (900 S.)
- Maran der Weise (900 S.)

Entwürfe für die Zukunft
1. Die 12 Stile des Tierkreises (164 S.)
2. Die 12 Gedanken zur Energie (108 S.)
3. Die 12 Phänomene der Schwingungen (60 S.)
4. Die 12 Qualitäten des Wassers (88 S.)
5. Die 12 Fundamente des Wohnens (96 S.)
6. Die 12 Grundprinzipien einer umfassenden Gesundheit (32 S.)
7. Die 12 Zonen des menschlichen Körpers (80 S.)
8. Die 12 Zutaten der Ernährung (60 S.)
9. Die 12 Flüge der Bienen (148 S.)
10. Die 12 Sichtweisen auf Genußmittel und Drogen (96 S.)
11. Die 12 Möglichkeiten der ganzheitlichen Medizin (92 S.)
12. Die 12 Ansichten über das Impfen (36 S.)
13. Die 12 Leitlinien der Erziehung (44 S.)
14. Die 12 Richtungen des Denkens (84 S.)
15. Die 12 Arten des Lernens (56 S.)
16. Die 12 Seiten einer umfassenden Bildung (36 S.)
17. Die 12 Ansätze zu effektivem Handeln (76 S.)
18. Die 12 Konzepte der Arbeit (48 S.)
19. Die 12 Arten der neuen Technologien (36 S.)
20. Die 12 Betrachtungsweisen der künstlichen Intelligenz (48 S.)
21. Die 12 Eigenheiten des Geldes (40 S.)
22. Die 12 Funktionen der Steuern (56 S.)
23. Die 12 Betrachtungsweisen der Sozialberufe (60 S.)
24. Die 12 Strategien der Macht (64 S.)
25. Die 12 Anforderungen an ein neues Wertesystem (48 S.)
26. Die 12 Bausteine einer neuen Gesellschaftsform (52 S.)
27. Die 12 Tore zur Sophiakratie (80 S.)
28. Die 12 Pfade zum Frieden (48 S.)
29. Die 12 Säulen des Naturrechts (56 S.)
30. Die 12 Grundlagen der Beziehungen (52 S.)
31. Die 12 Spielfelder des Fußballs (108 S.)
32. Die 12 Wege der Kunst (60 S.)
33. Die 12 Wurzeln eines erfüllten Lebens (44 S.)
34. Die 12 Bereiche des Bewußtseins (56 S.)
35. Die 12 Tempel der Religionen (84 S.)
36. Die 12 Aspekte eines einheitlichen spirituell-physikalischen Weltbildes (72 S.)
37. Die 12 Dynamiken der Verwandlung (44 S.)
- Sammelband 1 „Natur" (492 S.)
- Sammelband 2 „Gesundheit" (512 S.)
- Sammelband 3 „Bildung" (524 S.)
- Sammelband 4 „Gesellschaft" (416 S.)
- Sammelband 5 „Psyche" (380 S.)

die „Anfänger"-Reihe
- The Synthesis of Physics and Magic (192 p.)
- Telepathy for Beginners (60 p.)
- Telepathy for Advanced Learners (52 p.)
- Telekinesis for Beginners (56 p.)
- Life Force for Beginners (76 p.)
- Kundalini for Beginners (104 p.)
- Astral Projection for Beginners (60 p.)
- Meditation for Beginners (60 p.)
- Prophecy for Beginners (60 p.)
- Ritual Magic for Beginners (64 p.)
- Magic Chant for Beginners (108 p.)
- Invocations for Beginners (52 p.)
- Evocations for Beginners (62 p.)
- Auto-Movement for Beginners (60 p.)
- Elves for Beginners (56 p.)
- Hypnosis for Beginners (56 p.)
- Love Magic for Beginners (52 p.)
- Money Magic for Beginners (60 p.)
- Magic Objects for Beginners (64 p.)
- Shamanism for Beginners (52 p.)
- Chakra-Magic for Beginners (148 p.)
- Language of the Moon – for Beginners (128 p.)
- Self Knowledge for Beginners (60 p.)
- Da'ath-Magic for Beginners (64 p.)
- Astrology for Beginners (112 p.)
- Number Symbolism for Beginners (64 p.)
- Mandalas for Beginners (76 p.)
- Crop Circles for Beginners (344 p.)
- Feng Shui for Beginners (96 p.)
- Magic Research for Beginners (140 p.)
- Magic for Beginners – Anthology I (636 p.)
- Magic for Beginners – Anthology II (616 p.)
- Magic for Beginners – Anthology III (684 p.)
- Magic for Beginners – Anthology IV (580 p.)

Eilenstein, Frater V.D., Knecht, Büdenbender
- Living Magic (261 S.) (= „Magie heute")

sonstige englische Ausgaben
- The Biography of the Devil (140 S.)
- The Synthesis of Physics and Magic (192 S.)
- The Chakra-System with the Minor Chakras (304 S.)